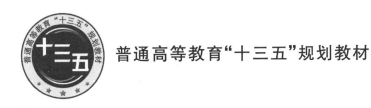

普通高等教育"十三五"规划教材

公共管理案例

许叶萍　李砚忠　主编

北京邮电大学出版社
www.buptpress.com

内 容 简 介

本书以公共管理学基本理论为出发点，从互联网医疗、城市公共交通、社会群体、网络直播、共享经济、反腐、业主维权、慈善募捐、新兴产业等视角精选了经济社会生活中的典型案例，其中绝大部分是中国本土案例素材，所选择的案例多与政府工作人员在实际工作中遇到的问题有关，并涉及一些社会公众关注的热点问题，充分体现了案例分析的"实践性"特征，对指导实际工作具有一定的参考价值。本书按照"案例解读-案例思考"的案例分析模式，通过典型事件的历史回顾和扩展阅读，深入分析案例背景、成因和案例处理的经验得失，并在每个案例后提出思考问题在理论上进行深入分析。全书案例新颖、可读性强，可供我国高校公共管理类专业本科生和研究生（含 MPA）教学使用，也可供从事公共管理的人员自学参考。

图书在版编目(CIP)数据

公共管理案例 / 许叶萍,李砚忠主编. -- 北京：北京邮电大学出版社，2018.10
ISBN 978-7-5635-5439-3

Ⅰ. ①公⋯ Ⅱ. ①许⋯②李⋯ Ⅲ. ①公共管理—案例 Ⅳ. ①D035

中国版本图书馆 CIP 数据核字(2018)第 088123 号

书　　　　名：	公共管理案例
著作责任者：	许叶萍　李砚忠　主编
责 任 编 辑：	徐振华　付兆玲
出 版 发 行：	北京邮电大学出版社
社　　　　址：	北京市海淀区西土城路 10 号（邮编：100876）
发　行　部：	电话：010-62282185　传真：010-62283578
E-mail：	publish@bupt.edu.cn
经　　　销：	各地新华书店
印　　　刷：	北京玺诚印务有限公司
开　　　本：	787 mm×1 092 mm　1/16
印　　　张：	8.25
字　　　数：	169 千字
版　　　次：	2018 年 10 月第 1 版　2018 年 10 月第 1 次印刷

ISBN 978-7-5635-5439-3　　　　　　　　　　　　　　　　　　定价：29.00 元

・如有印装质量问题，请与北京邮电大学出版社发行部联系・

前　言

公共管理案例教学在实践中不断丰富和发展，在吸收和借鉴其他学科领域的案例教学方法后，逐渐形成了自身的特点。在公共管理案例教学中，案例是有效实施教学的关键，是展开多元化教学形式的重要依据，目前越来越多的教师积极致力于典型案例的建设和开发，案例分析方法在课程教学中得到了非常广泛的运用。

在案例教学中，学生了解各种典型的公共现象或事件发生的原因、过程和结果，并通过参与案例分析与案例讨论，探究案例中涉及的问题可能的解决方式或决策，这种学习方式有利于提高学生分析和解决问题的能力，为将来进行公共管理的实践活动打下坚实的基础。学生在这一过程中会感受到公共管理运行过程中的各种压力、复杂性，从而使他们的思维、语言表达、组织、演讲等方面的潜能得以开发。但是，笔者在上课过程中经常困惑于案例选用，在教学过程中也使用过比较常见的公共管理案例集，但有些案例编写时间较早，有些案例不够接地气。因此必须牢牢把握公共管理案例的基本特点，充分发挥案例教学的功能，才能实现案例教学在公共管理学科人才培养目标方面的独特优势。为了更好地配合学校课程教学和政府机关培训的需要，我们专门编写了此书。

本书每个案例包括两个部分：(1)案例正文，即案例材料部分；(2)案例讨论题，主要是教学的启发与思考。本书的特色主要有：选用的案例材料主要是近年来，尤其是2017年以来公共管理领域发生的具有标志性或典型性的公共事件或现象，案例材料具有新颖性和典型性。所选用的案例"迷雾中的互联网医疗""'高铁争夺热'下的思考""焦虑的中等收入群体""地铁运营企业能否改善北京城市公共安全""快手直播'伪慈善'事件发酵——网络治安该何去何从""共享汽车——准公共物品的外部性及公共价值的实现""从'微博反腐'看互联网时代下政府行政管理方式""我们该如何自救""真相，你也给我站住！""战略规划引领区域战略性新兴产业发展"，均反映了当前公共管理实践的热点问题，在授课过程中，可以根据教学需要把一部分案例作为课堂讲授材料，一部分案例放在专题讨论中使用。

本书适用范围广，既可作为行政管理专业、公共事业管理专业及其他相关专业的本科和研究生教学用书，也可供各级各类公务人员在公共管理实践中学习研究。

在本书编写过程中,北京邮电大学经济管理学院的马晓飞、熊炎、孙皓、张静、李砚忠、李乐、孟静静、周文通等老师进行了案例材料的整理与撰写工作。由于时间和资料来源所限,本书难免存在疏漏和不足之处,敬请各位专家和读者批评指正。

编　者

2018 年 3 月

目 录

迷雾中的互联网医疗——从"风口"到"封口"的乌镇互联网医院
　　许叶萍　王　靖 ·· 1

"高铁争夺热"下的思考
　　马晓飞　李朔萌 ··· 16

焦虑的中等收入群体
　　孟静静 ·· 29

地铁运营企业能否改善北京城市公共安全？
　　周文通 ·· 36

快手直播"伪慈善"事件发酵——网络治安该何去何从？
　　熊　炎　李　敏 ··· 53

共享汽车——准公共物品的外部性及公共价值的实现
　　张　凯　熊　炎 ··· 65

从"微博反腐"看互联网时代下政府行政管理方式
　　张　静 ·· 82

我们该如何自救？
　　李　乐 ·· 92

真相，你也给我站住！
　　李砚忠 ·· 104

战略规划引领区域战略性新兴产业发展
　　孙　皓 ·· 115

参考文献 ·· 125

迷雾中的互联网医疗
——从"风口"到"封口"的乌镇互联网医院

许叶萍　王　靖

一、案例正文

引言： 在 2015 年两会期间，李克强总理提出了"互联网＋"行动计划，越来越多的企业开始布局"互联网＋"战略，"互联网＋医疗"也迎来了它的春天。2016 年以来，国务院相继出台了促进云计算大数据发展、推进"互联网＋"行动指导意见等众多文件。2017 年 10 月，习近平总书记在中共十九大报告中再次提出了建设"网络强国"的发展战略，推动互联网、大数据、人工智能和实体经济深度融合，使互联网发展成果更好地惠及全国人民并实现全人类共享的目标。

在我国，医疗行业一直被广泛关注，而随着人口老龄化日益加剧，医疗刚性需求不断扩大，医疗资源供需严重失衡的情况涌现，"看病难，看病贵"便成了老百姓一大难题，这也在一定程度上催化了"互联网＋医疗"产业的发展，医疗行业与"互联网＋"的融合将会为传统医疗行业带来巨大变革。2016 年 6 月 24 日，国务院办公厅重磅发布了《国务院办公厅关于促进和规范健康医疗大数据应用发展的指导意见》，要求以保障全体人民健康为出发点，规范和推动政府健康医疗信息系统和公众健康医疗数据互联融合开放共享。一时间，互联网医院这一新型业态在大江南北如雨后春笋般不断涌现，大有蓬勃发展之态势。而快速扩张的背后是对医疗行业规范性的失调和监管的漏洞，这些问题在乌镇互联网医院"进"与"禁"的案件中得以体现，引发深刻的社会争议。如何引导互联网医疗行业的健康发展，作为社会公共治理主体之一的政府又如何正确发挥作用？都是当下亟待思考的问题。

随着"互联网＋"时代的到来，互联网医疗在国内风起云涌。2015 年 12 月，浙江省桐乡市政府批复全国首家互联网医院——乌镇互联网医院成立。该医院同时获得了中央网络安全和信息化领导小组、国家卫生和计划生育委员会、国家食品药品监督管理总局和浙江省人民政府及浙江省卫生和计划生育委员会、浙江省食品药品监督管理局的支持。仅2016年第二季度,互联网医疗的投融资交易就达60起,融资额达9.7773亿美元。然而好景不长,2017年5月,国家卫生和计划生育委员会办公厅发出一份意见的函,关于征求《互联网诊疗管理办法(试行)(征求意见稿)》和《关于推进互联网医疗服务发展的意见(征求意见稿)》,一经面世,一石激起千层浪。"互联网医院"的命运是昙花一现还是会东山再起?引发了这个社会的讨论和关注。乌镇互联网医院的"进"与"禁"无疑折射出当前我国互联网医疗行业的种种问题。本案例将以详细介绍乌镇互联网医院的兴衰为例,试图通过该案例折射出互联网医疗发展过程中存在的问题,引发相关思考。

1. 呱呱坠地:互联网医疗"织"入千年乌镇小乡

大多数人对乌镇的第一印象,都来自电视剧《似水年华》。影视剧里,乌镇的青石板路,似乎永远是潮湿的,在两边斑驳的墙壁掩映下,显得内敛而安静,透着淡淡的隐忍和儒雅……

不论剧中主角的情感如何波折,乌镇寂静无声的小桥流水,似乎永远波澜不惊,在古老与现代交织的石板小巷间,静静记录着这座1 300岁的古镇所发生的一切。

2014年11月,第一届世界互联网大会在乌镇召开。自此,这座古镇发生了翻天覆地的变化——一夜之间,走出深巷,走向世界,让着古朴外装的乌镇踏上了"智慧小镇"的发展之路。

2015年12月,作为世界互联网大会永久会址,乌镇又召开了第二届世界互联网大会。会上,国家主席习近平同志表示,"去年,首届世界互联网大会在这里举办,推动了网络创客、网上医院、智慧旅游这些新的业态快速发展,让这个粉墙黛瓦的千年古镇焕发出新的魅力。"

乌镇互联网创新发展试验区是中国互联网创新发展的一个缩影,而乌镇互联网医院更因作为"互联网+医疗健康产业"的典型代表,而备受关注。

2015年12月7日,桐乡市政府联合微医在国家互联网创新发展综合试验区乌镇,创建了"网上医院"试点——乌镇互联网医院。作为乌镇互联网创新发展综合试验区的改革样板,只要是有互联网的地方,就可以享受乌镇互联网医院的服务:医生和医生、医生和患者无须面对面,通过网络视频即可完成诊疗过程,包括开具电子处方和配药。由此,掀开了我国互联网医疗行业的新篇章。

2. 行业"试验田":窥探乌镇互联网医院

诺贝尔经济学奖获得者哈耶克(F. A. Hayek)说过,我们在需要解决的问题和努力的方向上很少存在分歧,但是在解决问题的具体手段和实现努力方向的措施上却很少存在共识。在利用互联网技术解决医改难题,发展互联网医院的问题上,恰恰也体现了这一点。目前,对于发展互联网医院市场上有着两种不同的思路,一是"医疗+互联网",二是"互联网+医疗"。尽管这两种思路的描述只是汉字顺序的变化,核心基因却全然不同。

第一种发展思路:"医疗+互联网",核心基点便落在医院自身身上。其特点概括地说就是医院互联网化,即医院依托于现有的医疗资源,借力于互联网平台为更多的患者提供相关诊疗服务。这种发展模式的代表性案例有广东省第二人民医院互联网医院、浙江大学第一附属医院互联网医院等。

第二种发展思路:"互联网+医院"。顾名思义,其主导变成了互联网公司,在自我运营的基础上利用医疗资源来为客户提供诊疗或健康相关的服务。第三方健康咨询平台,如春雨医生、好大夫等都属于这类。而我们案例的主体——乌镇互联网医院也属于此类。

(1) 运营模式

乌镇互联网医院的核心业务是医患间的在线诊疗与医医间的远程会诊。为了确保在线诊疗的医疗质量与患者安全,乌镇互联网医院当前主要为常见病和慢性病患者提供在线咨询和复诊服务。患者在实体医院取得检查检验报告并获得初步诊断后,或者与医生已经有过线下面诊,然后可以在乌镇互联网医院上请来自全国的专家进行复诊。

具体模式是患者首先在线选择医生或者预约医生;患者成功和医生连线后提交其检查检验报告,医生根据患者的资料并与患者沟通进行在线诊疗,诊疗结束后医生开具处方和医嘱;最终国药集团会根据患者的住址,送药上门或者由患者自取。

通过乌镇互联网医院,不管是边远山区还是发达城市的老百姓,都可以享受到大医院的优质医疗服务,还可以降低就诊费用。互联网医院所描绘的诊疗场景中的几个远程诊疗的关键点:互联网医院的资质、电子处方的合规、在线医保支付、处方药的配送等。在这里全部迎刃而解。

(2) 医院资质

乌镇互联网医院是桐乡市政府主导的"互联网+"项目,也是乌镇互联网创新发展试验区的重大项目,在桐乡市政府牵头、乌镇政府支持下,微医集团提供技术支持和合作运营。

挂号网创始人兼CEO(首席执行官)廖杰远表示,桐乡市第三人民医院是当地一所综合性二级乙等医院,与乌镇镇社区卫生服务中心为两个机构设置,一体化管理,下辖10个社区卫生服务站。微医集团目前已经与桐乡市第三人民医院合作成立一家公司,由微医集团控股。双方共同运营挂靠在桐乡市第三人民医院的乌镇互联网医院。

浙江省食品药品监督管理局将乌镇互联网医院作为电子处方的试点。医生在线诊断后,为患者开具电子处方和医嘱,患者可凭借电子处方获得药品。乌镇互联网医院和国药集团、金象网等展开了战略合作,国药集团可根据电子处方为患者及时配送药品,或者让患者就近自提,大大减少流动环节成本。

(3) 盈利模式

互联网医院的盈利模式在医疗、药品和保险三个方面。

医疗方面,乌镇互联网医院已不是公立医院,有自主定价权。患者通过远程诊疗预约专家,需要支付诊疗费用,诊疗费用由互联网医院的运营者微医集团和专家进行分成。浙江省人力资源和社会保障厅将桐乡市第三人民医院纳入浙江省异地联网结算范围,并将该院作为全省医保的在线支付试点医院。

药品方面,微医集团和国药集团等其他药品提供机构直接合作,省去了流通环节的层层加价。这部分差价一部分让利给患者,一部分将作为互联网医院的收入。

保险方面,这个需要和保险公司一起进行设计,开发出相应的产品从而获利。目前,保险方面的计划还需要时间才能落地。

(4) 政策红利

乌镇互联网医院的建成与上线是浙江省及乌镇互联网创新发展试验区在国家相应政策下做出的积极尝试。作为政府倾力打造的样板间,它被视为医疗界的一匹黑马。

正如廖杰远所说:"当痛点积聚到一定临界点的时候,当技术成熟到一定的时候,政策迟早会打开一条小缝隙,这可能就是互联网医疗行业的机会所在。"长久以来,国内医疗体制饱受诟病。政府相继出台了多个利好政策,移动医疗开发者也摩拳擦掌,乌镇互联网医院就是两者合作的一个理想结果的典范。

在乌镇互联网医院,医生多点执业和自有行医进一步落地。之前不少人把国内医院存在的问题归因于对医生自有执业的限制,导致大医院人满为患而小医院门可罗雀。乌镇互联网医院允许医生以多点执业或自由执业的方式注册,并在桐乡市卫生和计划生育局进行注册备案。可以说在互联网的作用下,医生的执业范围被进一步扩大,再加上相对严格的审核机制,相比于在线问诊而言,互联网医院似乎为解决医疗资源不平衡提供了一个更加可行的思路。

乌镇互联网医院作为一项政府工程,其发展自然离不开政府的广开绿灯。

3. 走过元年:乌镇互联网"触网"一年硕果累累

从2015年12月乌镇互联网医院挂牌成立,到2016年12月第三届世界互联网大会如期而至,经过一年时间的"洗礼",乌镇互联网医院从"新秀"走向"龙头",已然成为全国互联网医院建设运营的模板,凭借出色的成绩再度成为人们目光的聚焦点。

(1) 以乌镇为中心,让优质医疗资源辐射全国

以乌镇互联网医院作为起点,微医互联网医院在广州、海南、江苏、北京、上海、广西、甘肃、云南、河南、安徽、山东、天津、四川、黑龙江、贵州、陕西等17个省市落地。在这一年里,乌镇互联网医院吸引了院士、医学泰斗、学科带头人在内的专家纷纷加入,成为普通患者与顶级专家亲密接触的"纽带"。

与此同时,乌镇互联网医院连接微医平台上全国29个省份2 400多家重点医院的信息系统;连接了重点医院医生26万名,专家团队7 200多组;拥有实名注册用户1.5亿;设立家庭健康中心1万个,日均接诊量突破3.1万人次,远超一家三甲医院的规模,就连在国内大名鼎鼎的北京协和医院目前日接诊量也不过1.5万人次。

乌镇互联网医院的诞生,改变了传统的就医形式,挂号、问诊、会诊、药物配送、保险支付都可以在网上完成。乌镇互联网医院就像一个连接器,边远山区和发达城市的患者,都可以通过它享受同等质量的大医院、高水平专家资源和就医服务。

(2) 线上线下结合,实现多方合作共赢

事实上,互联网医院不仅是患者和医生之间的连接器,也是医生和医生之间的协作平台。乌镇互联网医院以团队医疗为载体,将三级医院的专科医生和基层医疗机构的全科医生组织起来,以团队医疗的协作方式,为患者提供"全科+专科"的医疗服务。全科医生有了专科医生做后盾,临床技能和专业知识可以得到显著提升,这也越来越得到基层患者的认可。

乌镇互联网医院通过落地分院的方式连接区域三甲医院和基层医疗机构。在互联网医院服务网络中,三甲医院获得了更多的对症病例,基层医疗机构得到了三甲医院的专业支持,患者可以享受到电子病历共享、检查检验报告互认、双向绿色转诊通道等服务,实现了多方合作共赢。

(3) 互联网+基层医疗,让人人享有家庭医生

没有全民健康,就没有全面小康。

实现全民健康,还要通过互联网有效提高基层全科医生的服务效率。2016年6月,由国家卫生和计划生育委员会指导,乌镇互联网医院承建的"全国家庭健康服务平台"上线。作为全国家庭健康服务平台的核心内容,家庭医生签约服务平台是全国家庭医生的签约和服务平台。家庭医生团队可以在平台上为签约对象提供移动签约、在线咨询、健康管理等服务,并实现居民健康档案管理、签约居民分类管理,还可以申请区域内专科医生和微医乌镇互联网医院平台上的7 200组专家团队进行转诊和会诊,极大地提高了工作效率。由一名全科医生带领的团队可以服务的家庭从最初的300多家提升到500多家。国家卫生和计划生育委员会副主任金小桃曾表示,中国全科医生缺口十几万,通过互联网技术,缺口可以缩小到几万。

(4) 改变和突破,努力成为"健康守门人"

乌镇互联网医院致力实现健康方式从"被动医疗"转向"主动健康"。这一年,乌镇互联网医院的业务链也完成了从医疗服务(远程会诊、远程复诊、精准预约等)到主动、连续、一站式健康服务的蜕变。通过全国家庭健康服务平台、健康卡云卡、全科中心等业务方面的探索,乌镇互联网医院正在成为中国亿万家庭的"健康守门人"。

对医院来说,在线支付、挂号的外移,使得医院的繁复工作量大幅下降。乌镇互联网医院推出了健康卡云卡。健康卡云卡不仅可以集合患者的身份信息、电子病历、健康档案,还包含社保、银行卡支付功能,患者缴费时不需要在医院排队,医生将医嘱开好后,患者只需要把健康卡云卡往POS机上一放,就能完成所有手续。对于优化居民就医和健康管理方式、改善"看病难"困境、推进深化医改都有着重要意义。

(5) 各界认可,综合影响力排第一

由微医创建的乌镇互联网医院是我国第一家真正意义上的互联网医院,2016年6月,医院承办了首届国际互联网医疗大会,成为继两届世界互联网大会之后,乌镇举办的最高规格的互联网大会,吸引了国内外互联网与医疗产业代表、医药与金融保险行业高管、行业专家等1 000余人参与,就"互联网+医疗"展开探讨和经验交流,共同探讨互联网医疗行业的政策与产业创新。

乌镇互联网医院成立一年来,人们正深切感受着乌镇互联网医院所带来的变化。

"你们这个厉害了!"

在互联网精英的第三届世界互联网大会期间,腾讯董事局主席马化腾考察了微医与桐乡市政府共建的乌镇互联网医院,发出由衷的赞叹。"古代号脉用根线,现在互联网远程把脉,这个厉害了!"马化腾体验了乌镇互联网医院的中医远程中心后,当即饶有兴致地拿出手机拍起照片来。而这只是微医互联网医院众多创新突破中的一个点。

世界上最远的距离,是人与医院的距离,而微医就是要改变这个距离,让微医成为中国人民健康的守护人,让互联网医疗成为创造无限可能的途径。

医疗界的"滴滴"

世界互联网大会现场,中国新闻网记者现场体验了一把在乌镇互联网医院,跨省问诊北京专家。在眼科诊室里,医护人员对记者的眼部情况进行简单询问,并通过专业仪器拍摄了记者的眼底照片,然后将全部资料、检查情况发送给北京某三甲医院的医生,医生在线对记者的眼部情况做出初步判断。

"在线挂号,在线问诊,一个App就搞定了。"乌镇互联网医院就像是医疗界的"滴滴",医生可利用碎片化的时间"抢单"接诊,真正实现了足不出户把病看。

乌镇互联网医院正在为改善中国人民的就医体验贡献力量。

4."叫停风波":互联网医院从"暖春"跌入"寒冬"

自乌镇互联网医院成立以来,各种名目的互联网医疗平台如雨后春笋般不断涌现。据前瞻产业研究院发布的《2017—2022年中国互联网医院行业商业模式与投资规划分析报告》数据显示,截止到2016年11月,我国互联网医院的建设数量已经达到了36家,2016年新开工建设的互联网医院多达31家。

然而,好景不长,就在2017年5月,互联网医院的春天很快被国家卫生和计划生育委员会办公厅发出的《互联网诊疗管理办法(试行)(征求意见稿)》和《关于推进互联网医疗服务发展的意见(征求意见稿)》(下面将上述两个意见稿统称为《意见稿》)搅动得颇不平静,原本向好的互联网医疗政策生态,一夜之间由"亲妈"变成了"后妈",互联网医院从"暖春"跌入"寒冬"。

(1) 准入门槛提高

《意见稿》首先对互联网诊疗做了定义,"就是利用互联网技术,为患者和公众提供疾病诊断、治疗方案、处方等服务的行为。"也就是说,目前的"轻问诊""远程医疗""网络医生咨询",其实都算是互联网诊疗。同时,互联网医院只能由取得医疗机构执业许可证的医疗机构提供,并获得卫生计生行政部门备案同意。未来互联网医院的服务范围,仅限于医疗机构间的远程医疗服务和基层医疗机构提供的慢性病签约服务。除了这两种情况外,其他的互联网诊疗活动全部禁止。

这就意味着,未来能开展互联网诊疗的,必须是拥有医疗机构执业许可证的正规医疗机构,这几乎堵死了网络平台、社会公司开展互联网诊疗活动的可能性。即使网络平台尝试通过注册医院的方式开展诊疗,也必须符合远程诊疗和慢性病签约这两种情况,其他的诸如"轻问诊"等服务,基本不会再实现了。

(2) 首诊诊疗业务受限

《意见稿》提出,医疗机构不得对首诊患者开展互联网活动。

国家卫生和计划生育委员会医政医管局副局长焦雅辉解释称,涉及医疗核心的诊疗业务"一定要强调医疗机构和医务人员的资质问题。""对于首诊的病人,绝对不可以说将来得病了,打开电脑说问问医生怎么办。""任何国家对医疗行为都是严格准入和监管的。"焦雅辉还表示,随着技术的发展,互联网的诊疗范围肯定还会扩大,不仅仅局限于远程医疗和慢性病管理,比如达·芬奇手术机器人最早的初衷是远程做手术,所以未来也不排除互联网诊疗的范围可能会逐步扩展到远程手术,只是目前来讲,还达不到这个程度。

(3) 线上诊疗收紧

《意见稿》还明确规定了互联网诊疗活动的准入前提。其中,开展互联网诊疗活动的医疗机构,"不得使用互联网医院、云医院、网络医院等名称",而"应当使用《医疗机构执业许可证》名称。"事实上,目前几乎所有开展互联网诊疗活动的医疗机构都称自己为"互联网医院""云医院"或"网络医院",按照这一规定,"乌镇互联网医院"的名字就不能再使用了,对外只能称为"桐乡市第三人民医院"。

此外,《意见稿》提出,未经国务院卫生计生行政部门颁布相应医疗机构类别和医疗机构基本标准,县级以上地方卫生计生行政部门不得擅自设置审批虚拟医疗机构。对于政策出台前已经设置审批的互联网医院、云医院、网络医院等,设置审批的县级以上地方卫生计生行政部门,应当在政策发布后15日内予以撤销。并按照规定重新对其互联网诊疗活动实施管理。尽管缓冲期有15天,但是未来很多网络平台面对的,可能是长久的歇业。

(4) 强化互联网医院责任主体和监督管理体制

为互联网医疗设计法律框架,参照的蓝本是线下医疗,而"照蓝本画图"的难度直接决定了互联网医疗推进的政策阻力大小。这种"照蓝本画图"看起来好像是依葫芦画瓢,但真正动起笔来却发现处处都有挑战。其中最大挑战便是医疗责任法人主体的确认。

《意见稿》起草人之一的高解春在阐释其初衷的时候强调,起草的一大原则便是要把当前线下的医患关系法律框架保持到互联网上面。由这一原则出发,《意见稿》要求互联网诊疗活动的提供方必须要有医疗机构执业许可证,互联网公司要承担法律责任,要求提供方的医生必须具备执业资质并且承担法律责任。即参与诊疗活动的各方都不能旁落法律框架之外。

值得一提的是,《意见稿》还界定了互联网诊疗活动的监督管理主体——县级以上地方卫生计生行政部门。

《意见稿》同时指出了违规违法行为的范畴:未经卫生计生行政部门备案;未经卫生计生行政部门核定相应诊疗科目;使用未取得合法执业资质人员;擅自开展互联网诊疗活动;未建立互联网诊疗活动医疗质量和医疗安全管理制度的等。"由卫生计生行政部门给予警告,责令其立即改正;情节严重构成犯罪的,移送司法机关追究刑事责任"。

5. 回应叫停:互联网医院"急刹车"还是"东山再起"?

尽管从征求意见稿到方案最终确定,还需要经过各政府部门层层协商、报批,才能最终公诸于世,但它还是引起了巨大的社会波动,给快速推进的互联网医疗带来了巨大冲击。回应这一叫停风波,互联网医院是"急刹车"还是"东山再起"?

(1) 收紧管理并非拒绝创新

对于加强互联网医院管理,一些观点认为是管理部门因循守旧,"一刀切"式收紧,会阻碍行业创新。但业内专家认为,加强管理并不代表拒绝新事物,更好地制定规则,明确边界,才能更好地促进新兴行业发展。

"对医疗质量和病人安全的强调,不应被理解为阻碍行业发展。规范,往往是为了更好地发展。"一位媒体人士认为,一些先行者在互联网医疗的道路上走得谨慎,但难以保证口子放开后,整个互联网医院行业和将要进入该行业的后来者们都能如此。目前,互联网医院在政策规范、流程设置等方面还没有做好足够准备,国家适当地拉紧政策红线,也许是必要的。

(2) 回归医疗的本质,寻找新的突破口

互联网医院的发展曾带来一阵投资热。自2015年起,就有包括高瓴资本、红杉资本、软银中国资本、腾讯、云锋基金等在内的多家投资公司,向互联网医院产业累计注入了数十亿美元的资金。

《意见稿》的颁布,或许是相关主管部门出于规范医疗行为、保障老百姓健康的考虑,但对于前期进行了大量资金投入的平台运营者、社会投资公司来说,这次投资很可能意味着血本无归。因为法令一出,前期的很多工作就已经处于了天然非法的位置,中间没有运作的余地。

经过一年翻天覆地、如火如荼的尝试、冒险、炒作和艰难跋涉,中国的互联网医疗究竟走到了哪一步?来自互联网领域的"颠覆者们"发现,单靠IT领域的"炫技"是无法解决医疗行业的真正痛点的,甚至连隔靴搔痒都做不到。于是人们开始反思,在消费领域成功运作的时髦在线服务究竟为什么在医疗领域处处碰壁行不通,并且行动起来,终结"躺在线上做梦"的日子,回归医疗的本质。

但事无绝对,正在展开的"分级诊疗"和日益强化的"公立医院控费",还是给互联网医疗带来很多新的契机。互联网医疗项目若要成功,最好的方式就是嵌入国家医疗体系改革的洪流中,为其提升效率而服务,而不是妄想"颠覆"。医疗领域的改革,不是两个或几个对立面"你死我亡"的斗争,而是一个随着多种技术发展,人文社会环境变化,并不断进步和不断完善的循序渐进的过程。

6. 叫停内情:互联网医院看上去很完美,实则仍有不足

乌镇互联网医院的发展历程,可谓是跌宕起伏,一波三折。乌镇互联网医院成立至今,已经历了2015年起航—2016年火爆—2017年迅速滑落的曲折发展。

作为新生事物,互联网医院在许多方面存在着疑点。从《意见稿》发布,乌镇互联网医院被叫停,遭遇从"进"到"禁"政策反复的背后,折射出我国当前互联网医疗发展的多个瓶颈。

(1) 政策规范缺乏,存在监管难的"真空地带"

首先,从政策层面看,互联网医院的相关概念、监管标准都处于缺乏阶段。香港艾力彼医院管理研究中心主任庄一强曾表示,互联网医院的概念有一定滞后性,互联网医院的相继出现,目前已经不能用传统医院的概念去苛求。"传统线下医院是提供诊断、治疗等服务的场所,互联网医院的概念已经打破了'场所'的限制,如果还按照这个标准来衡量,目前的互联网医院都算不上是真正意义上的医院"。

39互联网医院院长、北京大学第一医院教授霍勇指出,国家卫生和计划生育委员会虽然出台了相关的管理措施,但是这些文件到目前为止,还需要我们对每一个互联网医疗的平台进行更好的标准化研究。

(2) 医保问题:谁来为患者买单?

在互联网医院试点过程中,一个绕不开的难题就是医保支付,最核心的环节就是谁来买单?互联网医院如果由患者自费,那么寄希望于互联网医院解决"看病难、看病贵"的问题又会沦为空谈。

首都经济贸易大学社会保障研究中心副主任朱俊生就提出过,传统控费手段是建立在物理性的基础上,新形态出现,可能会遇到一些挑战。首先面临的就是异地结算的老大难。同时,由于控费的问题,一些地方可能不愿意对互联网医院进行报销。

复旦大学医院管理研究所所长高解春曾表示,目前医保实行总额预付,且医保资金并不宽裕。因此,对互联网医院来说,医保能不能给其一定的额度,是发展的关键。

然而目前来看,一些公立医院医保报销的资金压力已经比较大,投入的钱很多,但医疗的开销也越来越大,顾及实体医院的报销都较吃力,互联网医院纳入医保更是吃不消。

未来3—5年内，互联网医院可以进行医保报销的可能性还是微乎其微。

（3）运营人才匮乏

互联网医院突然兴起的原因，不外乎移动医疗企业迟迟不能盈利变现的焦灼，互联网医院成为移动医疗集体探索的新路径。想要成功运营互联网医院，需要经历前期复杂的资质获取过程。在取得医疗机构执业许可证、医师执业许可证、多点执业备案等，保证互联网医院的合法性；同时还要有强大的IT能力，能够实现流畅视频会诊、精确分诊、电子处方等，当然也要从技术方面保证信息安全和隐私不被泄露；最后，要有全职专业的服务团队。

与传统公立医院不同，互联网医院最终的目的是实现盈利。因此，互联网医院需要有管理人才进行商业化运作从而实现盈利。而目前互联网医院的院长绝大多数都是由医生或实体医院院长担任，只有少数互联网医院拥有专业管理人才。乌镇互联网医院院长张群华来自华山医院普外科，早在十几年前学习过MBA的课程，有一定的管理思维加上两年多时间对互联网的学习，目前已将医生和互联网两个专业融合。39互联网医院院长是北京大学第一医院教授、美国心脏病学院院士霍勇，执行院长是原辉瑞中国PCBU市场总监庞成林。庞成林表示，互联网医院院长是对医院、医疗、医药、互联网技术和运营都要有深刻理解的复合型人才，设立院长和执行院长并行机制，互相作为补充。而好大夫在线和康康慢病互联网医院则都还没有确立院长一职，现在只有运营负责人。

但是，不管是医生还是线下公立医院院长对运营概念都相对淡薄，互联网医院想要实现盈利仍需要专业的管理人才，随着互联网医院覆盖面积不断扩大，相关管理人才的需求会越发明显。

（4）医生资源紧张

医生资源紧张，大多数互联网医院的医生仍旧是"兼职"状态，提供医疗服务的时间很难保证，这是制约互联网医院发展的另一重要瓶颈。

不管是传统医院还是移动互联网医院，对于医疗机构来说，核心是医生。医生的质量、数量、美誉度等因素直接影响着医疗机构的品牌。目前，大多数互联网医疗平台如乌镇互联网医院、好大夫在线、阿里健康等，都采用医生或医疗机构入驻的方式，众多平台间也经常要"抢资源"。

乌镇互联网医院的模式在接诊的灵活性上具有很大的优势，多点执业的医生完全可以利用自己的碎片时间为患者看病，患者可以随时看病，医生收入得到增加，这绝对是一种双赢的模式。这一模式得益于国家多点执业政策，但政策虽好，医院可并不见得喜欢这种"一女二嫁"的用人模式，无奈医生也只能保持观望的态度，绝大多数的优质医生资源还是被紧紧捏在了医院手里。

（5）线下布局遇阻

互联网医院必须在线下拥有或者合作实体医院，才可以在线上开展业务。因此，线下医院的布局将成为互联网医院重点发展领域。

在线下医院的布局上,39互联网医院走的是收购路线。朗玛信息斥资1.55亿元买下贵阳市第六人民医院66%的股权,又拟募资6.5亿元用于贵阳市第六人民医院的扩建。当然,这种收购模式仅限于少数具有产业资本背景和足够经济实力的公司才能涉及。与39互联网医院不同,好大夫在线-银川智慧互联网医院为一家互联网医院"覆盖"多个分诊中心模式,即与全国的医疗机构合作,将需要线下操作的检验检查、手术分配到患者身边的医疗机构,由在线专家指导当地医生完成,借此,互联网医院辐射范围将扩展至全国。不过,将大量各城市、各区县的实体医院作为线下接诊中心的同时,还要打通线上医生诊疗方案与线下接诊中心无缝对接,这对于银川智慧互联网医院来说存在一定难度。

除上述两种方式外,与公立医院合作的方式更为普遍一些。对于顶级三甲医院来说,医院本身不缺患者,医疗服务能力有限,合作参与度较低。相反,普通公立医院服务量尚未饱和,它们的合作意愿可能会更强,但品牌效应不足。目前和各互联网医院达成合作的三甲医院一般是三甲医院里中等或中下等的医院。

PPP(政府和社会资本合作,Public-Private Partnership)模式是由政府和公司共同成立一家医院管理公司。乌镇互联网医院所隶属的乌镇互联网医院(桐乡)有限公司由挂号网占90%的股份,桐乡市国有资产监督管理委员会和桐乡市城市建设投资有限公司间接持股10%设立。PPP模式也存在一定风险,如果在产权方面没有搞清楚,政府如果认为试点效果不佳,收回资质,企业将可能面临承受所有的损失。

(6) 医患资源不匹配

线下医疗机构担负着互联网医院的网上患者能够在当地接受治疗的重要作用。从理论上来说,互联网的服务能力是可以覆盖全国,但实际上部分患者在网上咨询后需要到线下实体医疗机构治疗的时候将会出现医患不匹配的情况。

微医已经落地的17家互联网医院均与当地政府、卫计委紧密合作,主要线下依托均为合作医院。这种情况下,患者在线上咨询后需要到线下实体医院进行检查治疗,如果该患者所在地不是与微医有合作的区域,该患者在哪个医疗机构接受互联网医院医生的治疗成为患者需要考虑的问题。乌镇互联网医院想要建立全国范围内的一个平台,目前看难度很大。核心原因在于,医院之间的信息无法互通共享,目前仅限于医联体之间、区域医疗信息平台能够实现数据共享。

另一方面,由于受限于远程视频的形式,医生不能够对患者进行视、触、叩、听等体格检查,也不能通过网络完成医疗的化验和相关检查,年轻人最常见的感冒发烧、跑肚拉稀等情况并不适合互联网医院,所以目前各互联网医院均倾向于"提供第二方诊疗建议"为主,主要面向慢性病人群,满足其日常复诊和常规随诊的需求。心脑血管疾病人群本应是互联网医院的必争用户群体,但该部分用户群体平均年龄偏大,对新生事物接受意愿偏低,接受能力偏差,如何进行该部分用户的教育将是影响互联网医院业务成败的关键因素之一。

7. 他山之石：美国互联网医院的经验总结

相对中国而言，美国远程医疗起步早、发展相对较快。

美国是互联网的发源地，其医疗产业自然也是最早融入互联网的。远程医疗(Telemedicine)最先就是在美国出现的，迄今为止一共经历了三个发展阶段：第一阶段为20世纪60年代初，远程医疗雏形初现，侧重于研究探索和局部试点应用；第二阶段为20世纪80年代后期，由于现代通信技术的出现，加速了远程医疗的发展，在远程咨询、远程会诊、医学图像的远距离传输以及军事医学等方面均取得了较大进展；第三阶段为进入21世纪以后，第四代通信技术的大规模使用，加上物联网、云计算、视联网等新技术共同加速了远程医疗的新发展，具有远程动态监测血压、血糖、心电图等众多智能健康医疗产品开始面世并走向社区应用。

虽然，美国远程医疗已经发展至第三阶段，但是美国医疗机构通过互联网平台为患者诊治疾病的模式仍然没有真正发展起来。由于美国信息网络发达，医师身份自由，个人诊所发展成熟，社区医疗及家庭医师制度完善，加上市场需求巨大，政府引导合理，以至于远程医疗发展极为迅速，其快速发展的经验对于我国来说，有着很好的借鉴意义。

（1）全方位的监管规章体制

美国政府自20世纪90年代起就开始陆续出台针对远程医疗服务的全方位法规，内容涵盖了远程医疗过程中的信息安全、信息规范、服务提供者、服务范围、服务方式和服务质量监督等。

美国在远程医疗立法方面主要关注以下几个方面：执业许可、安全保障、认证和授权、保险支付与政府补助等。美国的许多州为强化对病患的保护，立法要求提供州内远程医疗服务的医疗机构或医师在提供服务前应先进行注册，向病患告知并获得其同意，记录并保护病患的病历资料。

美国的移动医疗(Mobile Health)由3个政府部门联合监管：美国食品药品监督管理局(FDA)、美国联邦贸易委员会(FTC)、美国联邦通信委员会(FCC)。其中，FDA是最主要的监管者。2012年7月美国国会通过《安全和创新法案》，此举从法律层面正式授予FDA对移动医疗App的监管职责。

（2）政府买单，大力支持

美国政府对互联网医疗监管基本上是持鼓励发展和标准化的态度。目前美国已经有19个州表示会大力支持远程医疗的发展，国家官方机构拿出钱来做移动医疗和数字医疗的研发。

对于患者，美国医疗服务费用较高，远程医疗的方式可显著减少患者就医开支。同时，从2010年《平价医疗法案》实施起，美国联邦医疗保险对远程医疗服务的报销范围和力度就开始逐渐加大，目前在美国大部分地区的保险报销都已涵盖了远程医疗费用。

从医师方面来说,传统医疗模式行业碎片化现象严重,通过远程医疗服务模式可大大增加各医疗机构之间协调工作的效率,降低行医成本。随着美国联邦医疗保险引导的价值医疗改革的推进,远程医疗服务模式可节省大量的医保经费,从而为医疗机构和医师带来更大的收益,因而医疗机构和医师的参与积极性也较高。

同时,美国政府谋求建设电子病历系统,运用统一标准、出台法律条文并且使用特殊IT技术保证信息安全,推动电子病历在全美流通。

(3) 保险业成为重要推手之一

美国的医疗保险与中国一样,主要分为公共医疗保险和商业医疗保险两大类,但是与中国不同的是,美国将商业医疗保险作为社会医疗保险的重要组成部分,并且强制企业为雇员购买商业医疗保险,因此也就导致了美国的商业医疗保险极度发达,商业医疗保险种类繁多,有80%的美国人都购买了相关的商业医疗保险。

公司作为美国第一家获得远程医疗协会认证的公司,成立于2006年。American Well公司初期以医保公司为支付方,2009年首次接入商业保险,此后公司不断扩大医保网络,已经与23个州的蓝十字蓝盾协会开展合作。其后,又与连锁药店进行合作,在药店中为患者开展远程医疗。American Well公司通过远程医疗,实现旗下诊所与相关客户基于电脑端、移动端等远程问诊、诊断电子病历传输、咨询等医疗服务。由于这种远程医疗形式具备方便、节约排队时间、与医生易产生亲近感、降低费用开支等优点,颇受保险公司的青睐。

8. 两难困境:互联网医院未来的路在何方?

(1) 路线之争:互联网医院应该纯线上还是依托实体?

如果对互联网医院的发展进行简单分类的话,可分为三个阶段:第一阶段,是线下实体医院服务外延,嫁接了预约挂号等服务,这是互联网医院的雏形;第二阶段,一些实体医院成立了互联网办公室,抽调各科室医生在互联网办公室值班,进行线上诊疗服务,线上服务的医生资源还是囿于医院本身,还没有整合医生的碎片资源;第三阶段,出现了第三方的医疗信息平台与线下实体医院医生资源进行衔接,整合医生的碎片时间,再造医生资源,通过互联网进行远程医疗服务。

互联网医院纯线上模式可以整合全国医生的碎片资源,服务范围不受限制,服务患者人数众多,尤其是对于优质医疗资源相对匮乏的西部地区意义重大。在复诊阶段,纯线上模式的互联网医院发展空间非常大。据国家卫生和计划生育委员会发布的数据显示,2016年国内一年约有70多亿人次的门诊量,其中将近60%是复诊,2/3以上的复诊可以通过在线完成。强行捆绑互联网医院和实体医院,套用实体医院的监管办法,对互联网医院线上诊疗行为反而是一种放任。

然而,医疗的整个过程包含挂号、问诊、处方、药品、复诊、随访等多个环节,纯线上的互联网医院的功能与移动医疗问诊没有本质区别,大多数时候还是需要去线下实体医院解决。而一旦到了落地层面,仍然需要大量医院的医疗资源做布局,做支撑。也有人认为,"强行捆绑互联网医院和实体医院,套用实体医院的监管办法,对线上诊疗行为反而是一种放任。"拥有线下实体医疗机构,是互联网医院的底线。依托实体医疗机构、第三方临床药师审核处方、依托家庭医生提供互联网医疗服务是三大关键。"复旦大学公共卫生学院罗力教授说:"只有依托实体医疗机构,医生的执业行为才能得到规范和监管。实体医疗机构的实力越强,提供的互联网医疗才能做大做强。"

真正的乌镇互联网医院其实在互联网上,是一个线上线下相结合的新型智慧健康医疗服务平台。它借助乌镇医院作为全国医生专家执业点、电子处方落地的主体医院,连接全国范围内的医院、医生、患者、药品和医保体系。

目前来看,《意见稿》规定互联网医院必须以线下医院作为支撑。但是,究竟需不需要实体医院,还有待争议。

(2) 政府之手还是市场之手?

互联网医疗的最大价值就在于提高诊疗效率和用户体验,扩展服务时空性、最大化医疗资产利用率。从这个角度来看,应当发挥市场之手的无形作用,让市场在配置医疗资源中发挥应有作用,让更多民资加快进入医疗卫生领域,分流公立医院的压力,利用互联网技术造福城乡居民。另一方面,互联网医院作为一个新兴的事物,应当拥有自由发展的空间,如果还跟以前一样被严格监管,就无法达到改革所想要取得的目的。

中国的新药研发已经吃尽类似苦头:政府鼓励新药研发,但千辛万苦研发出来的新药却在审批流程、医保报销和市场准入上占尽劣势。例如为了流程把二报二批硬生生拉长到三报三批,让新药又白白等待两年,看不到回报自然没有资金和人才愿意投入新药研发。如果互联网医疗也受制于政府之手的层层管制,那同样的悲剧故事又要重演了吧。

然而,互联网医院的本质,依旧是医院。医疗是人命关天又关乎国民生计的事情,医院作为医疗行为中必不可少的一环,互联网医院作为医院参与整体诊疗环节,如果任由市场自发调节,不计后果地说放开就放开,那最终还是要吃苦头的。

第三军医大学新桥医院院长任家顺说,过去的医疗场景都是靠医院,医院把医生绑在一起,然后是病人三方,最后加一个医保四方。如今的医疗场景是"七个演员在上面演戏",先是医生可以通过多点执业从医院分离出来,加上互联网IT行业的技术,此外还有社会资本的进入,许多元素加在一起构成了互联网时代的基本医疗场景,如果没有市场的东西来调节,很多东西不好办。但在这一复杂场景下,更需要政府能及时出来制订规则,做好推进作用。云南省卫生和计划生育委员会主任李玛琳就说,从政府来讲,我们手里有很多的资源,我们要把这些资源用好,和企业合作好。

在乌镇互联网医院的成立过程中,政府起到关键作用。如果没有政府的主导和参与,帮助扫清体制障碍,乌镇互联网医院是不可能建立起来的,也不会有微医集团的运营。

如何协调市场之手还是政府之手的作用,扮演好这台戏里面的主角和配角?目前仍是一个争议很大的问题,如果不能有效协调,中国的互联网医疗将会从盛宴变成一场残羹冷炙。

(3) 模式孰轻孰重?

模式的轻与重主要在线下部分,按照《意见稿》的最新规定,互联网医院并不能脱离实体医院而独立发展,那么医院又从何而来?轻模式者多数是选择和医院合作,牺牲对线下部分的控制力来节省成本;重模式者则是选择自建线下医疗机构,以高成本来换取稳固的线下支撑。

显然,轻模式是典型的平台式思维,借助互联网平台来盘活线下医疗体系;而重模式更侧重对当下医疗体系的重建,按照急诊科女超人于莺的话来说,互联网医院在未来可能拆掉公立医院的围墙。而究竟哪种模式才是互联网医院的必然趋势,或许还有待考究。

(4) 一枝独秀还是协同发展?

现在人们赋予互联网医院的发展模式是希望通过这一环节的补充打通患者问诊、就医、服药、保险的商业闭环,这样庞大的工程量显然并不是一家企业可以负担得起的,于是人们大多倾向于"抱团"作战。"抱团"之中,有几家企业联合构建小的闭环,也有希望做平台将市场包圆。约35家互联网医院中,大多数是一家企业"认领"一家互联网医院,但是其中的17家互联网医院却同属微医集团旗下。前者有利于在后续的市场中建立壁垒巩固竞争优势,而后者则有助于通过抱团反推政策发展。规模的轻,好处在于精;规模的重,好处在于多。两者孰优孰劣,如何在利弊间找到平衡,还需要进一步研究。

国际经验证明,互联网信息技术与医疗的深度融合已经成为发展趋势且前景巨大。新技术从来都是双刃剑。"互联网+医疗"具有积极作用,互联网医院的出现挑战的是整个医疗系统,刺激的是医药领域最敏感的神经,这终将会促进中国的医改,给普通民众带去便捷的服务,也同时可以促进公立医院自身服务意识的觉醒。但互联网医院作为新生事物,其健康成长着实要经历一些风雨,通过政府监管的逐步完善才有望扭转当前鱼龙混杂、良莠不齐的现象。互联网医疗发展的道路仍将会是风险与机遇的博弈并存。

二、案例讨论题

1. 结合案例分析,乌镇互联网医院遭遇政策反复的原因是什么?
2. 如何看待政府出台《意见稿》,加强对互联网医院的整治力度这一行为?
3. 联系实际谈谈如何引导互联网医院未来的发展?

"高铁争夺热"下的思考

马晓飞　李朔萌

一、案例正文

引言：随着高速铁路的全面铺开，中国已经进入高铁的快速发展时期，发展成果举世瞩目。高速铁路的建设，给人们的出行提供了更多的选择，使铁路客运能力得到极大的扩充，缩短了城市间的时空距离，带动了沿线的经济发展，更为各地域间文化、信息的流转起到了极大的推动作用。从 2008 年我国的第一条高铁投入使用之后，在高铁网络的规划与建设过程中，对于高铁站设址的争论愈演愈烈，从 2009 年的沪昆高铁、郑万高铁，再到 2015 年达渝城际铁路的"高铁争夺战"，都表现出了民众对高铁带动地方经济的期盼。本案例揭示了京九高铁雄安至商丘段规划设站过程中产生的矛盾冲突。在高铁规划过程中，如何在铁路效率高速提升的前提下，保证地方经济发展的公平性，成了摆在政府面前的一道难题。

2016 年，国务院通过《中长期铁路网规划》，提出建设"八横八纵"铁路网，并且第一次在铁路规划中明确提出了"高速铁路网"。

十余年来，高速铁路在我国取得了巨大的发展，已经完成和正在建设的高速铁路正不断地延伸到我们国家的各个地方。同时，作为新"四大发明"之一的高铁在国家的发展建设中占据着无可比拟的重要作用。高铁的飞速发展对于拉动地方经济，加速各地域间文化、物资、信息流转，强化区域经济交流等方面起到越来越大的作用。高铁，已经不仅仅是一项技术、一种交通方式，已然成为一种生活方式、一个经济增长点、一项中国新成就。

然而，正是由于高铁不仅能够为公众提供快速便捷、大运力的出行体验，还能够一定程度上带动地方经济发展，使得地方上至政府下至百姓都想从中"分一杯羹"，高铁也因此成为各城市矛盾的核心和竞争的焦点之一。

（一）"高铁不来,市长下台!"

"京九高铁播报员:各位旅客请注意,前方到达河南省濮阳市,濮阳市是京九高铁唯一过境而不设站的地级市,有在濮阳下车的旅客请提前到门口来,准备跳车。"京九高速铁路,作为国家《中长期铁路网规划》中的一条国家级高铁大动脉,从规划之初就获得极高的关注度。最近,这个流行于朋友圈的段子,更是戳中了400万濮阳人的痛点。

2017年8月5日,中国铁路总公司雄安至商丘段高铁科研论证项目的主负责人否决了京九高铁过濮阳市的"西线方案"。这个消息在濮阳市像一枚重磅炸弹,点燃了濮阳人委屈的火药桶。眼看着高铁国家干线从自家门前经过,却不能从中获得任何好处,甚至不在家门口设站,一时间,各种"不答应"的声音此起彼伏,"高铁不来,市长下台!"的呼声也随之高涨。

微博、微信、贴吧等各种网络平台都激烈讨论着高铁濮阳市过境而不设站的新闻。有的濮阳网友公开发表文章,分析设站优势;有的网友长信一封致铁路总局,以革命老区人民的名义请求设站;还有的网友言辞激烈讨说法,网络上一时间"炮火连天"。

2017年8月7日,河南省濮阳市委机关报《濮阳日报》在其官方微信公众号发布题为《九问京九高铁为何过濮不设站?》的文章,连发九问,称"在8月5日举行的新建京九高铁雄安至商丘段科研论证会上,中铁总公司个别主管人士力荐只研究'在台前东晋豫鲁铁路上游两公里过黄河,在阳谷县境内设阳谷台前站'(东线)方案,这就意味着京九高铁在濮阳'过境不设站'。尽管与会的濮阳市领导及众多专家据理力争,但个别主管人士却对河南省濮阳市提出的'沿德上高速、在范县东设站'(西线)方案置若罔闻,不予考虑。"矛头直指铁路总局。

此报道一出,广泛引起全社会关注,将京九高铁走向、设站过程中产生的种种矛盾推上风口浪尖,达到白热化、公开化程度。

濮阳市,位于河南省东北部,黄河下游平原,冀、鲁、豫3省交界处。如果问濮阳人在生活中最不便的事情是什么,十之八九会提到不通火车。

从1983年濮阳建市以来,远途出行一直是濮阳人生活的一大难题。在过去的时间里,濮阳人几乎没有机会在家门口坐火车出远门。

其实,早在1962年,濮阳就有了第一条小铁路。当时的濮阳属于安阳地区,三年困难时期,东部各县受灾严重,交通条件很差,机动车辆少,运输十分紧张,远远不能满足工业生产和群众生活的需要。为了把救灾的粮食、煤炭和布匹等送到东部各县人民手中,国家计委批准修建了一条汤阴至五陵的窄轨铁路(小铁路),这就是最初的汤五铁路。随后,汤五铁路从五陵延伸至濮阳。当火车通至濮阳后,内黄县、濮阳县等县先后在铁路沿线建起了化肥厂、电厂、水泥厂和砖瓦厂等,工业生产得到迅速发展。此后多年,中原油田的物资,如钢管、钻杆、柴油、水泥、砂石等运量逐年增加,这条小铁路有力地支援中原油田的开发和建设。

随着濮阳与中原油田的发展,窄轨铁路已经不适应运量需求。1984年,河南省计划委员会批准汤濮窄轨铁路改建为准轨铁路的计划,汤濮铁路由窄轨线路改建为准轨,开始进入准轨铁路(大铁路)时期。1989年5月1日,改建后的汤濮准轨铁路正式开办临时客运,客运组织采用客货混合列车,每天开行一对客车,至1995年,累计运送旅客131.65万人次。20世纪90年代末,年客运量维持在13万人次左右。

1996年,纵贯南北的大动脉京九铁路通车,京九铁路经过濮阳市,在台前县设置一个四等小站:一天只有一趟火车、不能办理行李包裹托运。台前县离濮阳市区有着90 km的距离,为了赶上这一天一趟的火车,给濮阳人的出行带来不小的麻烦。

1997年的最后一天,濮台铁路贯通,从汤阴至濮阳再到台前,这便是此后的汤台铁路。汤台铁路在接下来六、七年的时间里一直作为货运为主、兼有客运功能的铁路。"十五"期间,受铁路改建工程和"非典"等多种因素的影响,经濮阳市政府批准,2003年5月起,汤台铁路客运停运。

于是,2003年后,濮阳人彻底不能在家门口坐上火车了。以濮阳到北京为例,想乘坐高铁,需要先到安阳或者鹤壁,前者距濮阳110 km,后者80 km,大巴车偶尔不走高速,耗费两个小时才能到高铁站,如果是濮阳市所辖县的人,还得先坐车到濮阳市区。在过去的十多年的时间里,濮阳人无时无刻不在期盼着能在家门口坐上火车,结束出行的尴尬局面。

2016年,濮阳终于迎来了真正意义上的客运火车站,郑州开通了到濮阳的火车。这趟火车从郑州站出发,先北上新乡、鹤壁、安阳,最后由汤阴拐到濮阳,见站就停,晃晃荡荡4个小时才能到达濮阳。

相比而言,郑州到濮阳的大巴,全程高速只要3个小时,这样比较来看,所谓的这条铁路,象征意义更是大于实际意义。即便这样,400万濮阳人仍感到一丝欣慰,至此,多年不通客运火车的日子算是终结。

(二)交通闭塞带来重重阻碍

1. 招商引资难

濮阳是河南的东北门户,是中原经济区重要出海通道,是豫鲁冀省际交会区域性中心城市,处于河南、山东、河北三省交界处,距离三省的省会城市都在200 km左右,属于"两小时经济圈"范围,它也是河南省最靠近港口的城市。濮阳还是中原油田所在地,石油、天然气、盐、煤等资源丰富,曾是国家重要的石油化工基地、石油机械装备制造基地。

濮阳刚刚建市时,依托着油田优势,濮阳的经济迅速发展起来,但是近些年油田效益不断下滑、产量渐低,政府也开始转型寻求新的发展出路。

多年以来,濮阳政府积极通过各项政策开展招商引资,各地的企业家到濮阳进行参观考察时,往往对招商政策、城市环境以及服务理念都非常满意,但是真正能够进行投资的项目却少之又少。

这其中一个重要的原因就是交通不便,没有直来直往的铁路,出行、运送货物将会产生种种不便,因此部分客商们不愿意在濮阳扎根,濮阳也就失去很多促进经济发展的机会。

2. 劳动力出入难

河南作为我国人口第一的大省,同时也是劳务输出的大省之一,每年向北上广及沿海城市输出大量劳动力,由于铁路的限制无法有效引入投资,越来越多的年轻人外出寻找机会,使得濮阳成为人口输出城市的大户。

2015 年,濮阳市旅客运输量达 4 294 万人次,旅客周转量为 323 305 万人公里。

由于没有与北京、广东等发达地区连接的铁路,濮阳人外出往往选择客车出行,或先乘客车到临近大城市,再转乘火车。

张鹏是濮阳市清丰县人,现在在北京工作,逢年过节回家他更热衷于拼黑车,他手机里至少存着 4 个濮阳—北京的拼车群,每个群都有 2 000 多人,每天会有上百条拼车信息。即便深知拼车不安全,但又不得不拼,毕竟春运的火车票、汽车票不好买,更不要说曲折的回家之路了。

3. 旅游发展难

濮阳文化底蕴厚重,是国家历史文化名城,中华民族重要发祥地之一,被中国古都学会命名为"中华帝都"。1987 年出土的距今 6 400 多年的蚌塑龙形图案,被誉为"中华第一龙",因此濮阳也有着"龙乡"的美誉。濮阳杂技享誉中外,是"中国杂技之乡"。

濮阳曾是冀鲁豫革命根据地的腹心地带,老区人民为解放战争的全面胜利及黄河安澜做出了重大贡献,濮阳至今还保留着冀鲁豫边区抗日救国总会旧址、"将军渡"、刘邓大军渡黄河纪念馆、单拐革命旧址等爱国主义教育基地。

旅游文化的发展离不开便利的交通,舒适快捷的交通工具拉近了各地人民的距离,使秀丽风光、名山大川和历史遗址真实地展现在人们眼前,许多曾经的落后地区都因旅游业的蓬勃发展而受益。然而由于交通资源的匮乏,拥有深厚文化底蕴的濮阳却没能将旅游业发展起来,外面人进不来,里面人走不出去,经济发展缓慢,甚至一些所辖县还是国家、省级重点扶贫县。

(三)错失的京九铁路

改革开放初期,随着香港问题的解决,国家有把原来规划北京至九江的小京九铁路延伸到香港九龙的构想,称为"大京九"铁路,香港回归时建成通车。

此时,濮阳随着中原油田的开发跻身大油田行列,1983 年 10 月濮阳市成立,最初发展的十年,濮阳市提出了发展依靠油田的设想,当时的市领导就由油田领导兼任。

"大京九"的具体方案提出后,在进入山东、河南境内走向上设想了三条线路。一是西线:过濮阳市区向南延伸;二是中线:过聊城向南;三是东线:过济宁向南。由于对未来的规划不清以及缺乏地域意识,濮阳市没有对京九线靠近市区积极争取,后经专家多次调查论证,选定了中线为最终方案,从山东聊城经过阳谷县、台前县,跨过黄河至梁山县、菏泽市向南。

线路确定后,京九线也算在濮阳境内经过,当地居民依旧热情高涨、奔走相告。在选择站点时,由于台前县处于滞洪区,涉及安全和投资等问题,铁道部决定不在台前县设立火车站。市、县领导经过多方奔走努力,最终在台前县设立一个每班停靠3分钟的四等车站。

在之后20年的时间里,京九沿线的山东、安徽、江西等地依靠铁路开展旅游业等各种交流活动,经济发展也水涨船高。而台前县由于距离市区太远,带动作用微弱,加之随着油田资源的枯竭,濮阳的发展面临危机,濮阳市领导和人民逐渐意识到仅仅在台前县设立小站,没有争取京九线靠近市区设站是规划的不充分以及决策的失误。

这一个失误,让濮阳落后了20年。可以说,中国经济飞速发展的黄金20年,没有濮阳的身影,广大的濮阳人心里一直因此感到遗憾和痛心。

(四)京九高铁的期盼与失望

2015年,京九高铁进行规划。

京九高速铁路,又称京九高铁或京九客运专线,是国家《中长期铁路网规划》中的一条国家级高铁大动脉,"十三五"时期开工建设,线路走向与京九铁路平行,北起北京,南至香港九龙,连接北京、河北、山东、河南、安徽、湖北、江西、广东、香港。京九高速铁路是连接京津冀城市群、山东半岛城市群、中原城市群、长江中游城市群、珠三角城市群等国家级城市群的主要高铁干线,采用各地分段、最后连成一线的方式建设。《中长期铁路网规划》期限为2016—2025年,远期展望到2030年。

对于高速铁路网的规划,在原规划"四纵四横"主骨架基础上,增加客流支撑、标准适宜、发展需要的高速铁路,同时充分利用既有铁路,形成以"八纵八横"主通道为骨架、区域连接线衔接、城际铁路补充的高速铁路网。

《中长期铁路网规划》中还提到,京九高铁衡水——商丘段的规划,要综合考虑聊城、濮阳两地利益。消息一出,濮阳市人民认为,濮阳很可能会获得一个高铁站。一方面能够使出行条件得到很大的改善,另一方面也能够带动老区的经济发展以及各地的文化交流,于是,濮阳人对高铁和濮阳的未来充满期待。

京九高铁北京至商丘段范围示意图如图1所示。在京九高铁的规划过程中,豫、冀合力推荐了一条路线:铁路起点是雄安新区,自衡水引出后,沿大广高速公路向南经南宫、威县、邱县、馆陶、大名、南乐引入濮阳东站,出站后折向东南经东明与鲁南快速通道共同引入菏泽西站,之后经曹县引入商合杭铁路高丘站。这条线被称为"西线方案",它处在京九铁路和京广铁路之间,涉及的河北南宫4县市、河南南乐、濮阳以及山东东明,填补了铁路网的空白。

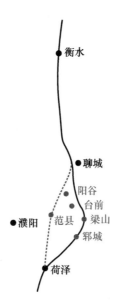

图1 京九高铁北京至商丘段范围示意图

京九高铁全长2 400 km,与京广高铁相比,其沿途的旅游资源更加丰富。人们常说"火车一响,黄金万两",京九高铁通车后,可能会成为沿站城市,尤其是小城市的靓丽名片,能够极大推动地区的经济发展,提高人民的收入,拉动内需增长。加之京九高铁最高350 km的时速设置,将会大大压缩出行时间,北至首都,南达特区,拉动了沿线城市的交流互通,也使得京九高铁覆盖的城市可能成为新环境下的经济增长点。

在这样的机遇下,对于濮阳来讲,这个高铁站显得意义非凡。多年来不通客运火车,使得濮阳市的生活水平和发展速度都无法与其他县市相匹敌。濮阳地方政府和百姓认为,如今京九高铁修到家门口,这些发展差距将能够逐渐缩小。濮阳设站,还能够吸引濮阳市及中原油田的广大客流,中原油田拥有干部职工及家属近30万人,业务分布在全国28个省(市)、自治区和16个油气田,人员、物资出行需求巨大。未来,在京九高铁的带动作用下,将有助于中石化炼化一体化等重大项目实施,有助于濮阳国家级新型化工基地建设,因而更加有利于范县、台前国家级贫困县的脱贫致富,有利于革命老区新时代的发展。

然而,理想很丰满,现实很骨感。新建京九高铁雄安至商丘段科研论证会上西线方案的落选,让濮阳人与高铁在濮阳设站失之交臂,也让他们承受了再一次的失望。

(五) 高铁改变中国

高铁正在深刻改变着中国,不仅仅从空间、人们的生活理念以及生活方式,更重要的是在政治层面影响着国家和地方。高铁的快速发展,大幅缩短了城市间的时空距离,人们的工作和生活范围逐步扩大,有些地方从没有铁路到开通铁路,再"升级"为"高铁",如此短的时间,让许多人的生活随着科技的进步发展变得日益方便、快捷。高铁的发展从国家和地方层面来讲,能够极大提高客运、货运效率,解决运输能力不足的问题,并且对区域经济发展有推动作用,对地方兴衰大势产生巨大影响。

1. 人们出行的重要交通工具

自从 2008 年中国第一条高铁开通以来,高铁维持了高速增长的速度。高铁总运营里程从 2008 年的 672 km 增加到 2015 年的 1.9 万 km,增长了近 29 倍(图 2);客运量也从 2008 年的 734 万人次增加到 2015 年的 9.6 亿人次,高铁客运量占铁路总客运量的比例逐年增长(图 3)。高铁成为人们出行越来越重要的交通工具。

图 2　2008—2015 年高铁运营里程统计

图 3　2008—2015 年高铁客运量统计

以中国开通的第一条时速 300 km 以上高铁京津城际为例,该线 2008 年 8 月 1 日正式开通,如今日均发送旅客8.2万人次,随着延伸线的开通,使北京和天津的区位优势进一步凸显。

武广高铁作为连接武汉城市圈与珠三角城市圈的一条通道干线,对于沿线经济的发展以及人们出行方式的改变,有着深远的影响。该线2009年12月26日正式开通运营,日均发送旅客5.57万人次;第二年,日均发送旅客9.38万人次;2013年突破了12.5万人次,至今已连续四年增长超10%以上,增长迅猛。

京沪高铁更是中国高速铁路的标杆,2011年6月30日开通,截至2017年6月30日,京沪高速铁路开通运营满6周年,累计发送旅客突破6.3亿人次,取得了显著的经济效益和社会效益。

高铁的诞生解决了出行需求,很多本来被压抑的出行需求,因为高铁的诞生获得了释放。

2. 拉动沿线经济发展

有人早就论断:只有不断加强内部区域间的经济交流,才能真正启动中国区域经济的内循环。高铁的诞生则使中国区域经济的内循环彻底打通,高铁不但能够改变区域经济格局,拉动产业大转移,还能够调整区域经济圈各版块之间产业的关联配套和资源配置,提升和优化区域经济圈的经济聚合力。

数据研究表明,京津城际的开通对天津旅游增长的贡献率达到35%,京津城际的开通,有效拉动了天津商贸、旅游、文化市场的发展。

山东曲阜的"三孔"(孔府、孔庙、孔林)是山东省仅有的两个AAAAA级景区之一。以前从北京到曲阜,要先坐8个小时的火车到兖州,再坐大巴到曲阜。2011年6月30日,京沪高铁开通,山东迎来了曲阜的新生,以京沪高铁开通的6月30日为分界线,上半年1~6月,"三孔"景区接待游客173万人次,门票收入7 384万元;下半年7~12月,接待游客253万人次,门票收入10 816万元,游客增长率近50%。

和濮阳同属于太行区域的河南安阳,也曾被"出行难""坐车难"困扰了许多年。2012年年底,京广高铁全线通车,新建的安阳铁路客运东站也同时启用(图4),高铁时代下近五年的发展,使安阳的经济得到了腾飞。在2017年的"十一"小长假期间,安阳的游客接待量达到67万人次,同比增长15.80%;营业收入2 598.9万元,同比增长22.50%;门票收入2 156.13万元,同比增长17.97%。殷墟、红旗渠等景区也焕发了新的生机(图5)。

3. 促进货运效率有效提高

在高铁时代来临之前,我国的客、货运基本是依靠铁路展开的,京广、大秦线等铁路大动脉多年来一直保持着超负荷运转。

其中,铁路货运是工业的血管,能够以相对低的成本进行大规模长距离的运输,在国民经济建设中发挥着巨大的作用。长期以来,我国的铁路货运处于和客运共用资源的局面,随着经济的不断发展,人口的流动需求越来越大,快速增长的铁路客运量对货运造成不小的冲击,日益影响着铁路货运效率。而在节假日这种大型客运压力下更甚,货运专列不得不为客运让道,从而间接影响着一系列工业活动的展开。

图 4　京广高铁安阳东站候车区

图 5　红旗渠景区游人如织

于是,高铁时代来临,"高铁效率"一词应运而生。高铁的兴建,推动了铁路的客货分离,除了凭借速度优势,大大缩短了旅途时间,也为进行铁路客运班列的重整改革创造了条件。既分摊一部分客流,一定程度上也承担起为铁路货运释放运能的重任,保证了铁路资源能够更高效地服务货运,提高货运的运输效率。进一步提高铁路综合运输效率,从而更好地顺应经济发展需要。

4. 出行半径全面缩小

高铁的出现改变了人们的出行半径,拉近了人们的距离。

京津城际为生活在京、津两地的人们开启了"双城生活"。京津城际每日发车 90 对左右,目前最小发车间隔是 3 分钟,平均间隔 5 分钟。一位居住在天津武清区的北京上班族,其等候城际列车加之转乘地铁的时间,在路途的总时间理论上约 40 分钟,比在早晚高峰拥堵在北京三环、四环路上的时间节省很多。

在传统交通运输格局中,经济半径在 200 km 以内是公路的天下,200 km 到 500 km 是公路、铁路共存,500 km 到 1 000 km 则是铁路、航空共存,超过 1 000 km 是航空的天下。高铁的出现,改写了这一经济半径。武汉到广州、北京到上海的时空距离由此前的 10 个多小时分别减为 3 小时和 4 个多小时。

各地都在高铁的影响下划分出新的交通圈。以成都交通圈为例,西安处在成都的 4 小时交通圈之内,成都到北京仅需 6 小时,成都到沈阳也不过就 8 小时的时间。

某杂志曾经报道,在武汉一家工厂打工的李先生利用周末从武汉火车站乘坐 D2101 次列车,3 个小时后就回到 500 多千米外的家乡湖南衡阳。自从武广高铁建成后,他现在每个月都可以回家与家人团聚一次,而时间只需要以前的一半,这在从前根本无法想象。

高铁对整个铁路系统的完善起到举足轻重的作用,从中国第一条高铁开通到现在,高铁已经深深地影响着中国,在未来更长一段时间里,高铁的意义将会更加深远。

(六) 站点之争,此起彼伏

从国家大力发展高铁开始,对于站点设立的争论,一直不在少数。

2009 年,沪昆高速铁路湖南段规划时,娄底市的冷水江市、新化县与邵阳市打响高铁"争夺战"。十万邵阳群众高喊"争不到高铁,书记、市长下课"。最终,沪昆高铁同时在娄底市和邵阳市境内设站。

2009 年,郑万高铁规划提出时,湖北十堰和襄樊(现襄阳)之间展开激烈角逐,一直持续到 2014 年 10 月,国家发改委最终批复,襄阳胜出。

2014 年 10 月,河南省南阳市新野县民众举行"郑万高铁过境新野民生论坛",组织成立"新野保路联盟"。随后,在全国 10 余个城市举行了"保路运动",创意百出。

2015 年 3 月,湖北荆州长江创业商会率先在市区多地组织"关于 350 km 沪汉蓉高铁落户荆州倡议活动",吸引上万人参加和签名。与之相争的荆门也不甘示弱,组织了类似的倡议活动。

2015 年 5 月,四川省广安市邻水县群众走上街头,表达希望达渝城际铁路过境邻水的意愿,并聚集超过八个小时。除了广安邻水,同样与此次铁路过境利益相关的四川省达州市大竹也发生了类似群体事件。

2016年2月23日,河南省信阳市发改委网站公布消息称,同意将阜阳经潢川至九江铁路按高速铁路纳入《中长期铁路网规划》修编方案。消息一经公布,立刻引发铁路交通落后的河南省第一人口大县固始县的强烈反应。"五一"期间,固始县自发组织了一次以固始高铁为主题的万人签名活动。

2017年3月,邹城、曲阜两地政府因鲁南高铁其中一站命名问题展开了争夺战。先是邹城市政府请求将即将设立的鲁南高铁曲阜南站改名为邹城北站,随后曲阜市政府提出《关于不改变鲁南高铁"曲阜南站"命名》的报告,引发两地网友为争取各自地名权的"隔空对话"。

其实,目前每一条高铁的线路规划与站点选址,都综合考虑了多方因素:某个地区是否合适建设高铁,高铁的建设能否带动当地的发展等。这些都需要反复论证。制约高铁线路规划建设的因素有很多,经济效益、区位优势等都是专家和决策层需要考量的,部分高铁的规划建设甚至关系到国家战略层面的利益。高铁的规划设站本着现实需要与长远规划相结合,地理条件与经济结构相协调,惠及民生与服务国家战略兼顾而制定。毕竟高铁最终服务于市场与广大百姓,是站在宏观角度做出的规划。

高铁从规划到建设的流程一般需要经过层层论证和审批,如图6所示。

高铁站点的设置,若单从技术上考虑,就是"路线拉直",而不考虑城市的位置。在铁路建设技术不够发达的年代,由于自然环境的限制,常常会遇到很多问题。而当下高铁时代,我国的铁路桥隧建设技术已经相当成熟,基本上可以做到"逢山开路,遇水搭桥",贵广高铁就有约85%的路线是以桥隧群为主。在这种技术条件下,规划路线时首要满足高铁的速度要求,尽量取直线的短距离方案。作为铁路运输企业,站点的设置还要考虑经济性,也就是客流量,通常的原则是人口达到50万才可设置一个高铁站点。《高速铁路设计规范(2014版)》中对于高铁的站址选择也做了如下规定,"……客运站站址选择应结合引入线路走向、既有客站位置和条件、城市总体规划、地形地质条件等因素经综合比选确定。一般应优先选择引入既有客运站或深入市区……"

对于铁路部门而言,理想的情况是完全遵循以上的走线、设站逻辑,科学选址,最大限度发挥高铁的效用。

然而,现实却往往不那么乐观,高铁作为一种新生的公共资源,目前阶段数量有限,各地都想在其中分得一块"蛋糕",地方群众总想依赖高铁获得便利,地方政府也想乘着高铁的东风提高政绩。为了争取设站,有的民间群体频繁活动,有的靠打同情牌博得关注,有些地方政府甚至摆出"政治因素"来左右高铁的规划设站,"站点之争"此起彼伏。

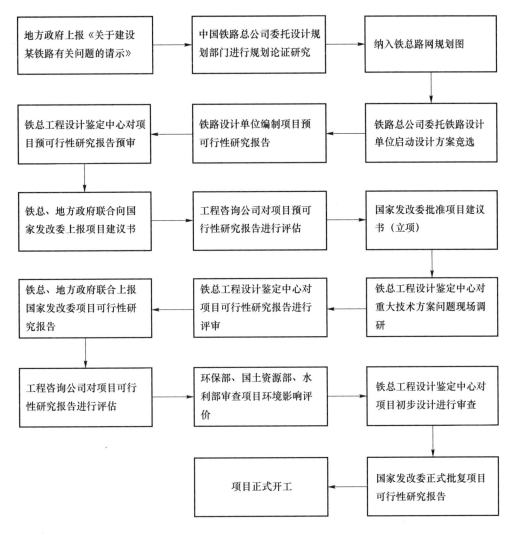

图 6 高铁规划建设流程图

（七）结语

在中国共产党第十九次全国代表大会上对中国共产党章程进行了修改，其中的重要论断指出，"我国社会主要矛盾已经转化为人民日益增长的美好生活需要和不平衡不充分的发展之间的矛盾"。

高铁时代的大幕徐徐拉开，飞驰的列车带来繁荣，也引来争议，像濮阳这样的县市，不是第一个，也不会是最后一个。国家大力发展高铁，其最核心的意义在于合理规划铁路网络，均衡开展铁路服务，提高铁路运营效率，在这其中高铁又间接地起到带动地方经济发展的作用。曾有人说过："没有高铁，城镇就是散落的珍珠；通了高铁，城镇就是项链上的珍珠。"散落的珍珠千千万万，又怎能用一条项链全部串联？高铁，是拉近了城与城的距离,还是增大了城与城的差距?"高铁效率"下的公平,如何保证。对政府的考验才刚刚开始。

二、案例讨论题

1. 高铁产业发展的背景是什么?国家为什么要大力发展高铁产业?
2. 高铁带给人们哪些便利?高铁站的建设会为地方带来哪些改变?
3. 高铁的线路规划和站点选择过程是否合理?
4. 政府应该如何做,才能在保证高铁效益最大化的同时,又能公平地带动各地方经济?

焦虑的中等收入群体

孟静静

一、案例正文

引言：本案例聚焦中等收入群体，作者试图通过多个故事片段还原这一群体的真实生活状态。中国的中等收入群体正在不断壮大，党和国家十分重视这一群体的扩大对维护社会和谐稳定、国家长治久安的重要作用。了解这一群体的真实生活、聆听他们的声音，将为扩内需促消费、推动供给侧结构性改革等工作打下基础。中国长期经济增长的成果正在向消费转化，居民个性化、差异化的消费需求日益明显。各国企业家争相瞄准中国这个巨大的消费者市场。2016年习近平总书记强调，扩大中等收入群体，关系全面建成小康社会目标的实现，是转方式调结构的必然要求，是维护社会和谐稳定、国家长治久安的必然要求。但与中等收入群体规模越来越壮大的现实相对的，很多被划分到中等收入这一群体的人并不敢称自己是"中产"，消费动力明显不足。当前我国正处于社会转型期，贫富差距拉大，中等收入群体处于贫富两个极端中间的尴尬位置。在高房价面前，他们被拦在高收入群体的门外，很难实现向上流动。在实际生活中，他们是消费的初等群体，在房价、疾病、失业面前随时可能滑落到收入更低的群体。他们当中的大多数通过教育获得已有的经济地位，具有企业家精神，却往往屈服于现实。在经济增速放缓、职业竞争激烈、生活压力大的背景下中等收入群体的焦虑感有蔓延、加剧之势。

改革开放40年来，中国经济高速增长，人民收入水平持续提高，越来越多的居民成为中等收入群体的一员。按照麦肯锡全球研究院的标准，中国的中等收入群体（中产阶层）是指那些年收入处于6万～22.9万元人民币的成年人，中高收入群体（中高收入阶层）是指那些收入处于10.6万～22.9万元之间的成年人。2000年，中国只有4%的城镇家庭收入达到中等收入群体的标准，到2012年这一数字上升至68%，其中14%的城镇家庭属于中高收入阶层。麦肯锡全球研究院预测，到2022年，中国将有超过75%的城镇家庭进入中产阶层，约54%的城镇家庭进入中高收入阶层。

中国逐渐壮大的中等收入群体日益吸引全世界的目光。已有多家外资机构对中国中等收入群体人数进行了预测。瑞信研究院发布的《2015年度财富报告》根据美国中产阶层的财富标准(拥有5万~50万美元),并采用国际货币基金组织的购买力平价系列,按本地购买力计算,得出中国中产阶层人口已经超过1亿,绝对值位居世界第一,约占全国成年人口的11%(在美国这一数字为50%,日本为68.6%)。全球著名管理咨询公司埃森哲(Accenture)2016年的报告称,2030年将有70%的中国人成为中产阶层。虽然对目前中国中等收入群体人数的估计数字有差别,但各机构对中国中等收入群体人数增长的前景都非常乐观。20世纪五六十年代,美国经济学家西蒙·史密斯·库兹涅茨(Simon Smith Kuznets)就提出了收入分配的"倒U型曲线"假设。

我国目前正处于壮大中等收入群体、减小收入差距的关键时期。20世纪80年代开始,我国取消了限制农村人口向城镇人口迁移的政策,城镇化得以持续推进。根据2016年1月国家统计局发布的数据,我国城镇常住人口77 116万人,比上年末增加2 200万人,农村常住人口60 346万人,减少1 520万人,城镇化率已达56.1%。伴随着市场经济体制不断完善,经济快速发展,国民收入持续提高,越来越多的人进入城镇,越来越多的人进入中高收入阶层。

中高收入阶层多数来自平均薪酬更高的行业和地区。根据国家统计局公布的数据,2015年全国企业在职人员月平均工资为4 468元,金融业和互联网行业的月平均工资(分别为9 565元和9 337元)均高出平均水平一倍。按岗位划分,中层以上管理人员月平均工资最高(9 623元),其次为包括程序员、律师、记者等在内的专业技术人员(5 919元)。东部沿海地区中心城市集聚了众多高收入行业的企业和管理机构,以北上广为代表的都市里生活着更多的中高层收入人群。根据中华人民共和国人力资源和社会保障部公布的数据,2015年北京月平均工资为7 086元,上海为5 939元,广州为6 830元,深圳为7 261元。

与中等收入群体规模越来越壮大的现实相对的,很多被划分到中等收入群体的人并不敢称自己是"中产"。马云在2015年第六届阿里云开发者大会上说,从货币上来讲我们可能是中产阶层了,但是消费水平和消费能力依旧是初等阶层。实际上,很多年轻的中等收入群体对自己的定义依然是"贫穷"。消费动力不足的原因是多方面的。一是从绝对数量上来看,虽然我国中等收入群体人数已经位居世界第一,但总体来说,我国中等收入群体收入和财富水平的平均值和中位数仍处于低位,与美国和日本等发达国家差距明显;二是多地房价走势常年领跑工资增长,房价居高不下,压缩了中国中等收入群体的消费空间。根据西南财经大学中国家庭金融调查与研究中心报告,2015年我国家庭资产均值为87.6万元,其中住房资产占家庭总资产的比重最高(占70.1%)。这意味着购房成本是家庭的最主要支出,高房价将很多来自普通家庭的年轻人拦在了"中产梦"之外。

"中产梦遇到房贷,会碎!"S姓男士和他的妻子均毕业于北京的名牌大学,其中一人拥有硕士学位,毕业后在高校工作,另一人拥有博士学位,毕业后在某部委下属事业单位工作。两人于2012年结婚,2014年终于在亲戚朋友的帮助下凑齐了首付,在北京四环附近购买了一套50平方米的房子。"首付130万,还款30年,我们俩每月拿出一个人的工资交房贷,剩余一个人的工资(约8000元)用于孩子读幼儿园、赡养老人和日常开支。除去这些必要的开支,剩余日常花销不多。不敢多啊,没钱花。"S姓男士的妻子才华横溢,本想毕业两年之后再选择一份更有挑战性的工作,"现在没有这个想法了,我的工资都已经被预支用作还房贷了,换工作的事情不敢想了。"

在中国,大多数中等收入群体接受过良好的教育,并通过个人努力获得社会地位和收入,但他们所获得的经济地位却可能因为一场大病、一个投资失误、一栋房子而丧失。他们之中的大多数人上有老,下有小,是房奴、孩奴。经济增速放缓、职业竞争激烈、生活压力大,在全球经济不景气的大环境下还要面临失业风险,中等收入群体的焦虑感有蔓延、加剧之势。表面光鲜,内心焦虑是他们的真实写照。

即使在公务员、教师、国企员工等这一类工作稳定的职业中,中等收入群体的焦虑感也正在显性化。Z姓男士是一名公务员,硕士毕业后工作10年,年收入9万多,他表示:"我们的工作稳定,这是优势。但我们也有弱势,挣得少,自我成就感比较低。一穷二白,两袖清风。表面光鲜,内心彷徨。"W男士是一名海归,目前供职于广州一家高校。"回国之后,我感到每天都很忙碌,根本没有精力做科研。房子、车子、孩子上学,哪一样都比科研更重要,自我成就感低。"

同时,他们中的大多数又通过不断的努力抵抗这种焦虑,试图追求更高的生活水平。养生热、中药热、健身热等曾刮遍大街小巷,中等收入群体也曾热衷于此。但现在中等收入群体的消费正在变得更加理性,更加多样,更富个性,跟风消费的现象越来越少。一位经常往返于中国日本的D姓女士这样说:"我喜欢日本的产品,因为他们的产品种类多、有创意、人性化,用起来方便。"

2016年2月23日,商务部部长高虎城在国务院新闻办公室召开的新闻发布会上指出:"我们国家的企业产品也应该学习日本,只有创新才能引领消费,滞后于消费者需求的产品是没有销路的。"中国目前有一个中高收入阶层正在形成,这个阶层的消费不满足于大众化的需求。据介绍,2015年我国出境人次达到1.2亿,境外消费(包括旅费、住宿费和购物费)是1.5万亿元人民币,其中至少一半用于购物。这些中高收入阶层在境外的购物消费,从过去主要购买一些奢侈品牌、高档品牌转向购买高质量、性价比高的日用消费品。中国长期经济增长的成果在中高收入阶层中正向消费转化,居民个性化、差异化的消费需求日益明显。

在消费需求增长的同时,中等收入群体的精神需求也进入一个新的阶段。他们开始关注居住环境质量、社会秩序、法治和道德等问题。特别是随着互联网的兴起,信息传播的速度在加快、影响范围在扩大。以中等收入群体为代表的广大人民群众一方面是"全面推进依法治国"等国家方针政策的积极推动者和拥护者,另一方面又对当前社会存在的诸多问题感同身受、痛心疾首(网络上"苍穹之下"视频的广泛传播和"罗一笑"事件的发酵都是鲜活的例子)。中国社会正在发生深刻变革。在经济层面、政治层面以及社会文化层面,中等收入群体对一个国家的稳定都发挥着举足轻重的作用。

焦虑的中等收入群体还催生了移民热,人才流失成为新的问题。在追求成就感和幸福生活的过程中,很多人选择了"逃离"。L姓女士一家三口今年移民了。L姓女士和她的丈夫都曾就职于两家大型国有企业,一年前L姓女士诞下一子,2017年6月全家移民新西兰。"在国内生活压力挺大的。毕业后进入国企,作为文艺骨干,除了平时工作,还要陪着领导唱歌。后来把这份工作辞掉,去一所高校做了一名编外行政人员,图的就是压力小一点。今年老公通过了新西兰技术移民的审批,我们就移民了。再也不用找代购买奶粉了,更不用天天吸霾了!"

2017年一条关于清华大学生命科学学院教授颜宁受聘美国普林斯顿大学分子生物学系雪莉·蒂尔曼(Shirley M. Tilghman)终身讲席教授的消息刷爆微信朋友圈。1996年,颜宁成为清华大学生物科学与技术系的一名新生。2000年,她赴美国普林斯顿大学完成了博士和博士后的研究。2007年,受邀回到母校清华大学,成为清华园里最年轻的教授。网络疯传颜宁的出走与国家自然科学基金委有关,因为颜宁曾于2014年在其博客中发表过一篇《一份失败的基金申请》的文章,她介绍自己申请基金委的重点项目,希望可以支持"葡萄糖转运蛋白的结构与机理"研究的过程,并质疑"难道重点基金不应该支持有风险但重要的课题么?一定要四平八稳、完全预测得到结果、只许成功不能失败的项目才值得支持?这是创新之道么?"颜宁出走普林斯顿后回应称她的出走跟基金委没有关系,这是颜宁的个人选择。她的选择是:离开清华,重返美国。

一个庞大的、健康的中等收入群体是一个健康社会的标志。我国大多数中等收入群体接受过良好的教育,对子女的教育也很重视,通常被视为社会的稳定力量。当前我国正处于社会转型期,贫富差距拉大,中等收入群体处于贫富两个极端中间的尴尬位置。在高房价面前,他们被拦在高收入群体的门外,很难实现向上流动。在实际生活中,他们是消费的初等群体,在房价、疾病、失业面前随时可能滑落到收入更低的群体。他们当中的大多数通过教育获得已有的经济地位,具有企业家精神,却往往屈服于现实。他们的收入远远高于许多农村及边远地区,却没有能让子女继承的可观的财产,因而紧紧抓住教育不放。

近年来《虎妈猫爸》等电视剧的热播正是迎合了以中等收入群体为代表的广大人民群众重视教育的偏好。2016年热播的电视剧《小别离》,描述了中产家庭孩子教育的故事,剧中不论是处于中高收入阶层的朵朵家,还是处于普通收入阶层的琴琴家,都是倾尽资源支持孩子教育,希望将来孩子也能成为中等收入群体的一员。

中国独特的文化使得父母给子女的生活理念打下深深的烙印。最近一些被称作"预备中产阶层"的毕业于"985工程""211工程"的大学生成了网络热点。这群以"愤懑焦虑""精致的利己主义"等词汇为"标签"的群体,大部分出身中等收入家庭,他们也构成了出国留学的主力军。中国与全球化智库和社会科学文献出版社联合发布的《中国留学发展报告(2016)》指出:2015年度,中国在海外留学生的规模为126万,留学教育正在走向平民化。这些孩子接受过多元化的教育,通常比其父母辈视野更宽广,对生活质量要求更高。他们中的一部分将选择回国就业,加入中等收入群体的大军。

培育健康的中等收入群体有利于国家长远的经济社会发展。2013年底《中共中央关于全面深化改革若干重大问题的决定》以收入分配制度为切入点,强调要"扩大中等收入者比重"。2016年5月习近平总书记主持召开中央财经领导小组第十三次会议,着重研究落实供给侧改革以及扩大中等收入群体两项工作。习近平强调,扩大中等收入群体,关系全面建成小康社会目标的实现,是转方式调结构的必然要求,是维护社会和谐稳定、国家长治久安的必然要求。

1978年改革开放以来,我国经济飞速发展,以国内生产总值(Gross Domestic Product,GDP)衡量的收入总额多年来保持着两位数的增长。进入21世纪以来,经济增速虽有所放缓,但依然保持6.5%以上的速度。随着城镇化持续推进,未来将有更多的农村人口向城镇迁移,内陆城市和二三线城市将涌现更多的中等收入群体,中高层收入阶层人口也将增加。党的十九大指出,我们要清醒地意识到我国仍处于社会主义初级阶段的基本国情没有变,我国社会主要矛盾已经转化为人民日益增长的美好生活需要和不平衡不充分的发展之间的矛盾。

中等收入群体的庞大消费潜力和多样化的消费需求吸引了各国企业家争相瞄准中国这个巨大的消费者市场。不仅2015年出境消费高达1.5万亿元人民币,天猫、亚马逊、京东等网上商城推出的"海外购"也方兴未艾,深深地刺激着消费。2016年,"双十一"购物节刚过,"黑五"打折活动随之登场,中国与世界同步,在亚马逊等网站上即可买到欧美同价同质商品,这些商家卯足了劲想在中国市场上分一杯羹,而为之"蠢蠢欲动",意欲"剁手"的人大多数来自中等收入群体。

2008年中国毒奶粉事件给消费者带来极大冲击,谁也不愿意看到自己的孩子受到伤害。"毒韭菜""毒饺子""地沟油"等后续食品安全事件沉重打击了消费者的信心,也进一步刺激了出境购物和代购规模的壮大。一位消费者说:"我不是崇洋媚外,但是日常用品还是安全可靠的好,而且国外的日用品也贵不了多少,有的比国内卖的价格还便宜不少。"日趋增长的海外购规模开始刺痛国内白色家电生产商。2016年3月参加两会的国内家电巨头——格力集团董事长董明珠说,"我特别生气到国外买电饭煲的事情,刺痛了我的神经,觉得很遗憾,也很悲哀。电饭煲、马桶盖的技术并不是太深奥,消费者之所以蜂拥至国外抢购,或许缘于国内制造业很多企业以'低质低价''低质高价'的形式伤害了消费者的利益。"中等收入群体对产品品质、质量和性能的要求倒逼企业创新。

我国经济发展进入新常态,传统发展动能不断减弱,粗放型增长方式难以为继,必须依靠供给侧结构性改革培育新的经济增长点,不断让新的需求催生新的供给,让新的供给创造新的需求,在互相推动中实现经济发展。2016年5月习近平总书记在全国科技创新大会上指明了创新在供给侧结构性改革中的巨大作用:"必须在推动发展的内生动力和活力上来一个根本性转变,塑造更多依靠创新驱动、更多发挥先发优势的引领性发展。"创新驱动是国家命运所系,创新强则国运昌。

创新驱动实际上是人才驱动。18世纪英国经济史权威人士艾士敦(Thomas Southcliffe Ashton)考查了工业革命发生在英国的原因。他写道:"这些变革不仅仅是发生在工业,同时也发生在社会和知识层面。""忽视历史进程的连贯性是很危险的。"18世纪至19世纪初期英国很多重大革新是由心灵手巧的修理匠、无师自通的技工和工程师以及其他自学成才者完成的,这是当时技术创新的最显著的特征之一。①在当时的英国,社会各阶层都充满了不怕试错、参与创新的热情。例如,许多地主和农场主尝试轮作改良和家畜选育,英国是第一个提高农业生产率的国家,第一个实现大规模工业化的国家。

真正伟大的创新往往源于一个简单的、为他人服务的想法,而不是在任务指标或其他形式的压力下诞生的。人才是创新的基础和核心要素。2015年10月,十八届五中全会明确提出要树立创新、协调、绿色、开放、共享的发展理念,指出"创新是引领发展的第一动力。"十九大报告进一步指出:"人才是实现民族振兴、赢得国际竞争主动的战略资源""加快建设人才强国。实行更加积极、更加开放、更加有效的人才政策,以识才的慧眼、爱才的诚意、用才的胆识、容才的雅量、聚才的良方,把党内和党外、国内和国外各方面优秀人才集聚到党和人民的伟大奋斗中来""努力形成人人渴望成才、人人努力成才、人人皆可成才、人人尽展其才的良好局面,让各类人才的创造活力竞相迸发、聪明才智充分涌流"。

中等收入群体受教育程度高,是创新的助力。要形成"大众创业,万众创新"的新局面,激发以中等收入群体为代表的广大人民群众的创造性势在必行。在实现"两个一百年"奋斗目标和中华民族伟大复兴的中国梦的征程中,广大人民群众尤其是中等收入群体,既是受益者,也是目标的实践者和推动者,将与国家一起进步,一起壮大,并在这个过程中铸就"民族之魂,文化之根,自信之源。"

二、案例讨论题

1. 中等收入群体的焦虑源自于何?
2. 中等收入群体消费动力不足的原因有哪些?我国经济增长模式是如何演变的?

---

① 军事工程师托马斯·萨弗里(Thomas Savery)、五金修理匠兼商人托马斯·纽科门(Thomas Newcomen)、实验室技术员詹姆斯·瓦特(James Watt)等都是代表。

3. 扩大中等收入群体、促消费扩内需对我国经济社会长远发展有何意义？

4. 政府在缓解中等收入群体的焦虑、使中等收入群体成为扩内需促消费的中坚力量上应该有什么作为？如何激发中等收入群体的积极性和创造性，形成"大众创业，万众创新"的新局面？

地铁运营企业能否改善北京城市公共安全？

周文通

一、案例正文

引言：理论上，地铁运营企业可能影响城市公共安全。一方面，随着经济活动向轻轨和地铁站周边区域集聚，潜在消费人群也向这类区域集聚，从而扩大了这类区域潜在受害者的基数，吸引犯罪分子在轻轨和地铁站周边区域作案。另一方面，轻轨和地铁站的运营企业会自发强化轻轨和地铁站安保力量，从而对轻轨和地铁站所在区域的犯罪分子起到震慑作用。本案例聚焦中国巨型城市的代表北京，探讨城市轨道交通运营企业所属的轻轨和地铁站，对北京城市公共安全的潜在影响。本案例主要结论：(1) 新世纪以来，北京城市轨道交通事业的飞速发展；(2) 筹备和举办 2008 年奥运会期间，北京城市公共安全显著提升，奥运会后，北京城市公共安全有所回落；(3) 以北京地铁运营公司和京港地铁为代表的城市轨道交通运营企业，其所运营的轻轨和地铁站实际上能够显著抑制所在街道、乡、镇的财产犯罪活动，从而提升这类区域的城市公共安全。地铁运营企业对城市公共安全的这种提升作用，在北京城市"边缘区"更加显著。

城市轨道交通的兴起始于 19 世纪后半叶，世界主要巨型城市陆续开始兴建和运营轻轨和地铁线路。1863 年，全球首条地下轨道交通在伦敦投入运营。在 19 世纪最后十年，地下轨道交通系统在美国、英国、法国、匈牙利、奥地利等多个欧美国家的七个城市投入运营。在 20 世纪前三十年，柏林、马德里、费城等九个欧美城市的地铁开通运营。1927 年，亚洲第一条地铁线在日本东京投入运营。1935 年，莫斯科开通运营第一条地铁线。1965 年，中国第一条地铁线在北京开通。事实上，一座城市对于城市轨道交通的建设需求以及轨道交通网络的扩展速度，在一定程度上反映了城市本身的发展阶段和发展水平。而伴随着城市轨道交通的不断发展，城市经济、社会、安全等方面的空间组织形态也在发生相应的变化。

鉴于城市空间组织形态的多层次和复杂性，学界对两者关系的考察切入点也是多元的,包括公共安全、产业、企业、就业、房价等。随着西方发达国家城市轨道交通的建设和运营,城市经济学、区域科学、经济地理学等相关领域的研究学者进行了大量针对性研究。在理论层面,城市轨道交通影响城市空间组织的基石在于城市轨道交通能够改善城市内部特定区域的交通可达性。可达性的改善,一方面直接降低交通成本,间接提升城市集聚经济,进而改变企业的区位选择和就业的空间分布;另一方面,可达性上升,本地市场的空间范围和本地劳动力池的规模扩大,从而提升企业劳动力需求并降低企业劳动力成本。在实证层面,学界以伦敦、巴黎、波尔多、纽约、亚特兰大、明尼阿波利斯、旧金山、洛杉矶等欧美主要城市为案例,深入探讨了城市轨道交通对城市各维度空间组织的影响。

这些研究在一定程度上反映了,欧美发达国家不同城市的空间组织形式,实际上受到城市轨道交通的多维度影响。其中值得注意的是,有的案例研究发现轻轨及地铁站的投入运营或临时关闭,有可能改变欧美发达国家城市公共安全的空间结构和组织。从理论层面看,随着经济活动(尤其是商业活动)在轻轨和地铁站周边区域集聚,潜在消费人群也向这类区域集聚。在其他条件不变的情况下,实际上扩大了这类区域潜在受害者的基数,提高了犯罪分子作案成功的总体概率和总体收益,从而吸引犯罪分子在轻轨和地铁站周边区域作案。另一方面,轻轨和地铁站的运营企业会自发强化安保投入,为轻轨和地铁站雇佣安保人员,配备安检设备和监控设备。地铁运营企业自发强化安保的行为,在理论上会提高犯罪分子在轻轨和地铁站周边区域作案的难度,从而改善这类区域的公共安全。理论上,地铁运营公司所属的轻轨和地铁站的出现,既有可能恶化所在区域的公共安全,也有可能改善所在区域的公共安全。针对欧美发达国家主要城市的相关案例研究,也证实了这两种情况。

然而在世界范围内,短时间发展城市轨道交通规模最大、速度最快的中国,却还没有对城市轨道交通影响就业分布的较为深入和全面的研究。国内关于城市轨道交通的研究重点是城市轨道交通线路、站点的布局优化,城市轨道交通与其他交通方式的互动等。国内关于城市就业分布的研究重点是城市就业中心的识别、就业空间结构的变迁、就业人口集聚特征分析等。本案例将聚焦中国巨型城市的典型代表——北京,分析随着城市轨道交通网络扩张,随着地铁运营公司下属轻轨和地铁站数量的增长,能否改善北京的城市公共安全。下面将首先介绍新世纪以来北京城市轨道交通事业的飞速发展;然后介绍北京城市公共安全的稳步提升。在此基础上,本案例利用经济计量模型,深入探讨地铁运营企业能否助力北京城市公共安全。

1. 北京城市轨道交通事业的飞速发展

新世纪以来,中国经历了其他任何国家、地区从未经历的城市化发展进程。城市轨道交通作为一种运量大、速度快、能源节约、用地节省的交通系统,代表着当今世界交通技术发展的最前沿。在国内外巨型城市轨道交通建设的示范作用下,中国各级地方政府在城市基础设施建设的规划中,将城市轨道交通投资列为公共投资的关键方向。加强城市轨道交通投资与建设,也成为中国各级地方政府尝试解决城市交通拥堵,促进城市发展的主要措施之一。

在这个背景下,中国城市轨道交通的发展进入了快速通道,无论是在发展速度上,还是规模上,都达到了世界交通发展史上前所未有的水平。截至 2016 年年底,中国(港、澳、台地区除外)共有 30 个城市开通运营城市轨道交通,运营线路达到 4 152.8 km,年度运营线路长度同比增长 20.2%,达到历史最高水平。在开通运营地铁及轻轨线路的 30 个城市里,拥有 2 条以上线路的城市,增长至 21 个。运营里程及站点数量排名前 20 的城市见表 1 所示。

表 1 截至 2016 年年底中国主要城市轨道交通车站数量及运营里程

排序	城市	通车年份	车站数量/座	运营里程/km
1	北京	1969 年	345	574
2	天津	1984 年	112	166
3	上海	1993 年	366	617
4	广州	1997 年	167	309
5	大连	2003 年	89	177
6	深圳	2004 年	168	285
7	武汉	2004 年	123	181
8	南京	2005 年	139	258
9	重庆	2005 年	126	213
10	西安	2006 年	66	91
11	成都	2010 年	81	108
12	沈阳	2010 年	44	55
13	昆明	2012 年	38	60
14	杭州	2012 年	59	82
15	苏州	2012 年	58	67
16	郑州	2013 年	61	95
17	宁波	2014 年	51	75
18	长沙	2014 年	66	77
19	无锡	2014 年	45	56
20	南宁	2016 年	25	32

在运营城市轨道交通系统的中国城市中,北京是发展时间最早,站点数量最多,运营里程最长的城市之一,具有相当的代表性。北京城市轨道交通主要有四个发展阶段。

第一阶段:筹备与战备运行阶段(1953—1975 年)。

1953 年,中共北京市委在关于《改建与扩建北京市的规划草案》中明确指出,为了向市民提供出行方便、经济的交通工具,特别是为了满足国防需要,必须尽快筹备地下铁路的建设。这是新中国成立后,第一个针对城市轨道交通建设的规划。1954年,北京市委向中央请示,希望中央对于建设地铁予以积极考虑。该请示受到中央的重视,并联系苏联专家予以协助。1956年,北京市相关部门第一次提出了北京市地铁规划的草案,并正式成立北京地铁筹建处。

1965年7月,中国第一条地下轨道交通正式开工,经过四年多的艰苦建设,于1969年10月1日正式通车。这一条地铁线路的开通,结束了中国没有地下轨道交通的历史。一期工程建成通车以后,由于多种原因,直到1971年1月,才开始试运营,运营区段包括从北京站至公主坟站,共10座车站,运营全长10.7 km;8月,运营线路延长至玉泉路站,共13座车站,运营全长增长至15.6 km;11月,线路延伸至古城路站,共16座车站,运营全长23 km。同年3月,从建国门站至东直门站、西直门站至复兴门站的二期工程也开始动工。

1975年,中央决定,将由铁道兵北京地下铁道运营管理处和铁道兵北京地下铁道工程局筹建处划归北京市交通管理局,标志着地铁运营的"军转民",也标志着中国第一条地下轨道交通的工作重点由"服务战备和接待群众参观"转移到"运营"。

第二阶段:尝试运营和缓慢发展阶段(1975—2001年)。

虽然,北京地铁的工作中心转移到了"运营",但由于市场经济的尝试刚刚开始,居民出行的首选交通方式还不是地铁,因此,城市轨道交通设施在当时,还没有表现出改善居民出行,促进城市经济发展的突出作用。

1984年,北京城市轨道交通二期工程投入运营。二期工程始于1971年,是北京地铁2号线规划的一部分,往返于复兴门站和建国门站之间,呈"马蹄形"运营,线路全长16.1 km,共12座车站。二期工程通车以后,北京地铁的运营里程提升至40 km。但当时,一期工程和二期工程独立运营,不具备换乘的便利性。在后续的十余年时间里,北京城市轨道交通发展缓慢,仅有复兴门站、西单站、复兴门站等投入运营。这一阶段的发展,基本上形成了目前北京地铁1号线和2号线,成为北京城市轨道交通发展的基础。

2001年,北京市人民政府批复同意组建北京地铁集团有限责任公司。标志着北京地铁的建设和发展进入一个新的历史阶段。

第三阶段:迎接奥运和快速发展阶段(2001—2008年)。

2001年7月,北京申奥成功。备战奥运的七年,成为北京城市发展史中不可替代的七年。申奥成功时,北京常住人口已达1 300多万并逐年增加,机动车数量也随之增长,并预计在2007年5月突破300万辆。城市地面交通已经不能解决日益严重的拥堵、污染等问题。而根据估算,在2008年奥运会期间,将有约50万外国人来京,约800万人观看奥运会。届时大量人群齐聚北京,对便捷迅速的城市交通系统有着非常现实和迫切的需求。而对于此,当时仅有的轨道交通设施——地铁1、2号线的运力显得杯水车薪。为了兑现申奥时所提出的地铁新线将按时高水平开通运营的承诺,北京开始了大力发展城市轨道交通建设的攻坚阶段。

2002年,地铁13号线全线贯通试运营,共有16座车站,里程40.9 km。2003年,地铁八通线通车,共有13座车站,里程19 km。2007年,地铁五号线通车,共有23座车站,里程26.6 km。2008年7月至9月,地铁8号线、10号线、机场线相继开通。至此,北京城市轨道交通的站点已有131座,里程总数213 km,比2001年申奥成功时增长超过5倍。

第四阶段:北京城市规划的统筹发展阶段(2008年以来)。

2008年以后,北京城市经济发展迈上新的台阶。一方面,人口仍然快速增长,机动车保有量逐年上升;另一方面,地面交通资源与人口密度之间的矛盾日益凸显。这使得继续大力发展地面轨道交通,成为北京市政府的重点规划。自2009年起至今,北京地铁陆续开通了4号线、15号线1期及2期、昌平线、大兴线、房山线、亦庄线、9号线、6号线1期及2期、14号线、7号线、16号线。轨道交通设施站点达314座,运营里程超过530 km。与2008年同期相比,增长超过50%。

与前三个阶段不同,这一阶段开通运营的轨道交通设施,基本完成了城市地下东西南北走向的"连接",使得北京形成了纵横交错的城市轨道交通路网。轨道交通逐渐成为北京市民出行最主要的交通工具。

2. 北京城市公共安全的稳步提升

随着中国经济社会的飞速发展,中国城市化进程的不断深入,城市公共安全的重要性日益凸显。对北京、上海、天津、深圳、广州等巨型城市而言,城市公共安全尤为重要。维护并提升城市公共安全,成为中国各级地方政府面临的首要工作之一,也是社会公众对中国各级地方政府的核心关切。而维护和提升城市公共安全的核心任务,是遏制和打击城市犯罪活动。

一般而言,可以将犯罪活动划分为暴力犯罪活动和财产犯罪活动。暴力犯罪是指使用暴力手段,或以暴力相威胁,对特定的或者不特定的人或物,进行蓄意侵害或破坏。暴力犯罪主要包括强奸、谋杀、纵火等恶性案件。财产犯罪是指以非法占有为目的,攫取公私财物的行为。财产犯罪主要包括入室盗窃、偷盗、诈骗等。在中国城市,威胁城市公共安全的犯罪事件一般以财产犯罪事件为主。本案例将基于北京市公安局汇总发布的"主要警情提示"数据,主要探讨北京财产犯罪事件的总体下降趋势、"核心-边缘"分布规律、热点区域集聚特征,从而全方位梳理北京城市公共安全的现状。

北京市公安局每一周都会发布"主要警情提示",汇总公布每周各辖区派出所各类财产犯罪案件。由于暴力犯罪案件相对更敏感,北京市公安局一般不会发布暴力犯罪案件信息。因此,本案例分析重点将集中于北京财产犯罪案件,在此基础上探讨北京城市公共安全的发展态势。总体而言,2005—2013年北京城六区财产犯罪案件数量呈现逐年下降的态势,但是不同年份间波动较大。北京城六区财产犯罪案件数量在2006年达到峰值(约2.9万件)后,开始大幅下降,在2009年降至最低值(3 069件),2010年以来,犯罪案件数量逐步回升,并大致稳定在年均1.6万件上下。

以上趋势是因为,在2001年北京市申办2008年北京奥运会获得成功后,由于治安与安保事关北京奥运会的成功举办,中央政府以及北京市市政府高度重视北京的城市公共安全,并决心下大力气提升北京的城市公共安全水平,以北京市公安局为代表的各级各类机构不断加强针对北京市公共安全的投入。北京奥运会前后高强度的城市公共安全投入,显著提升了这一时期北京的城市公共安全水平,导致财产犯罪案件数量的大幅下降。但是,高强度城市公共安全投入是申办奥运会成功到奥运会成功举办这一特定时期的特殊安排,这种高强度投入在客观上会挤占同一时期北京市其他领域的公共投入,造成北京市公共服务供给的不平衡,这种态势无法长期持续,也没必要长期持续。因此在"后奥运"时期,北京市公共安全投入逐步下降到正常水平。

在探讨北京城市公共安全总体情况的基础上,本案例将进一步分析不同类别的财产犯罪在2005—2013年期间相对比重的变化(图1)。对入室盗窃而言,九年间这类犯罪在财产犯罪的比重呈现"先下降后上升"的趋势。入室盗窃是筹备与举办北京奥运会期间,北京市公安局重点打击对象。入室盗窃案件数量的变化趋势,与筹备和举办北京奥运会期间高强度的城市公共安全投入以及"后奥运"时期北京公共安全投入的自然回落是相吻合的。对抢劫偷窃而言,九年间这类犯罪在财产犯罪的比重大体呈现"逐年下降"的趋势。抢劫偷窃也是长期以来北京市公安局等社会治安管理部门重点打击的对象。同时,随着近年来安防设备的不断普及和升级,以及"无现金社会"的逐渐深入,犯罪分子实施抢劫偷窃的难度在不断提升。对诈骗而言,九年间这类犯罪在财产犯罪的比重大体呈现

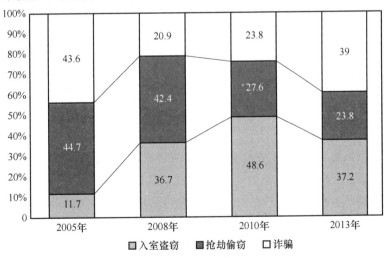

图1 2005—2013年北京各类财产犯罪相对比重的变化

"逐年上升"的趋势。这意味诈骗逐渐成为对北京城市公共安全威胁越来越严重的一类财产犯罪。这也体现了北京市公安局等社会治安管理部门,在预防及侦破电信诈骗和网络诈骗上面临的现实困难。

北京城市公共安全的另一个特点是具有"核心-边缘"空间结构。北京是中国的政治中心,北京的城市"核心区"(三环路以内区域)党和国家领导机关云集,是北京城市公共安全的重点管控区域。北京的城市"边缘区"(三环路以外区域)由于地域面积广大,社会治安管理部门管控难度较大,实际管控力度相对较弱。对财产犯罪而言,发生在北京城市"核心区"的案件比重,总体呈现上升趋势(从2005年的39.5%上升为2013年的42.9%)。2008年北京奥运会前后,针对城市公共安全的高强度投入更集中于三环以内区域。因此,北京奥运会筹备和举办阶段北京城市"核心区"的财产犯罪案件占比有一定程度的下降。2010年开始,随着北京城市安全工作的常态化,北京城市"核心区"的财产犯罪案件占比开始回升。对入室盗窃案件而言,这类案件的空间分布特征和变动趋势与财产犯罪案件的总体情况大体一致。由于入室盗窃犯罪活动是公安机关重点打击对象,北京城市"核心区"是社会治安管理部门重点关注区域,因此,发生在北京城市"核心区"的入室盗窃案件比重,要比财产犯罪总体比重低。而且北京奥运会筹备和举办期间,北京城市"核心区"入室盗窃案件比重下降幅度比财产犯罪要大(图2)。

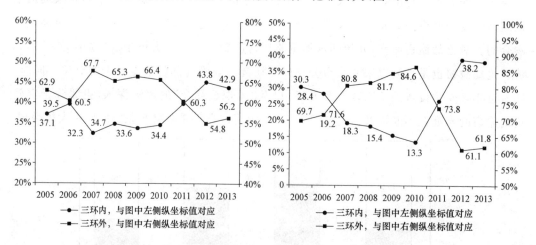

图2 北京财产犯罪及入室盗窃案件的空间分布特征

对抢劫偷盗案件而言,发生在北京城市"核心区"的案件比重,总体呈现下降趋势(从2005年的41.8%下降为2013年的34.3%),这个特征与财产犯罪的总体趋势相反。北京奥运会筹备和举办期间,北京城市"核心区"的抢劫偷盗案件占比有较显著下降,这个特征与财产犯罪的总体趋势一致。随着北京城市"核心区"安防设备密度和安保人员密度的不断提升,犯罪分子在北京城市"核心区"实施抢劫偷窃的难度不断加大,因此抢劫偷窃犯罪活动逐渐呈现向北京城市"边缘区"转移的趋势。对诈骗案件而言,发生在北京城市"核心区"的案件比重,总体呈现上升趋势(从2005年的44.7%上升为2013年的53.5%),

这个特征与财产犯罪的总体趋势相同。北京奥运会筹备和举办期间,北京城市"核心区"的抢劫偷盗案件占比有较显著下降,这个特征与财产犯罪的总体趋势一致。一方面,犯罪分子往往通过电信诈骗和网络诈骗进行犯罪,北京城市"核心区"密集的安防设备和安保人员对诈骗犯罪活动的影响不显著;另一方面,北京的经济活动和就业人口日益集中在三环路以内区域,而就业人口是诈骗犯罪的主要潜在受害群体,因此诈骗案件呈现向北京城市"核心区"集聚的趋势。

北京抢劫偷盗及诈骗案件的空间分布特征如图3所示。

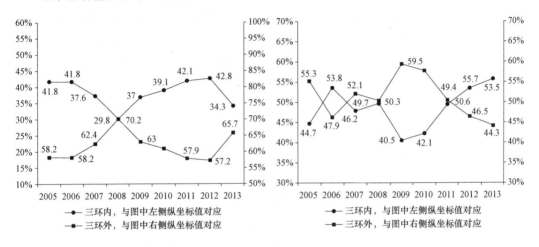

图3 北京抢劫偷盗及诈骗案件的空间分布特征

本案例下面将进一步分析北京城市"核心区"各类财产犯罪在2005—2013年期间相对比重的变化,如图4所示。对入室盗窃而言,九年间这类犯罪中在财产犯罪中的比重呈现"先下降后上升"的趋势,而且在北京奥运会筹备和举办期间,入室盗窃案件的占比大幅度下降。这是因为,入室盗窃是北京市公安局等公共安全管理单位重点打击对象,而且奥运会前后北京城市"核心区"的安保力量和安保设施大幅增加,使得入室盗窃犯罪活动客观上被"挤出"到北京城市"边缘区"。对抢劫偷窃而言,九年间这类犯罪在财产犯罪中的比重大体呈现"逐年下降"的趋势。抢劫偷窃也是长期以来北京市公安局等社会治安管理部门重点打击的对象。对诈骗而言,九年间这类犯罪在财产犯罪中的比重大体呈现"逐年上升"的趋势。新世纪以来的一个重大趋势是,诈骗犯越来越依赖电信和网络进行犯罪,北京城市"核心区"的安防设备和安保人员对诈骗犯罪的抑制作用不明显。诈骗活动的潜在受害者主要是就业人口,而北京就业人口日益集中在三环路以内区域,因此诈骗案件呈现向北京城市"核心区"集聚的趋势。

与北京城市"核心区"相比,北京三环路以外地区由于地域面积广大,党和国家领导机关较少,长途客运站及火车站等交通枢纽较多。这些特点使得不同类别财产犯罪在北京城市"边缘区"的分布特征,与在北京城市"核心区"的分布特征有所区别。如图5所示,对入室盗窃而言,2005—2013年北京三环路以外区域这类犯罪占比呈现"先下降后上

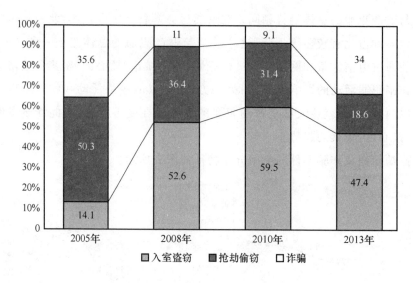

图 4　2005—2013 年北京城市"核心区"各类财产犯罪相对比重的变化

升"的趋势。虽然在北京奥运会筹备和举办期间，入室盗窃案件占比小幅下降，但总体而言，北京城市"边缘区"的入室盗窃案件的比重要高于抢劫偷盗和诈骗案件。这是因为，以北京公安局为代表的社会治安管理机构重点关注北京城市"核心区"，对北京城市"核心区"入室盗窃长期保持高压态势，这类犯罪活动客观上被"挤出"了北京城市"边缘区"。对抢劫偷窃而言，九年间这类犯罪在北京城市"边缘区"财产犯罪中的比重"逐年下降"。抢劫偷窃也是北京市公安局等社会治安管理部门重点打击的对象。对诈骗而言，虽然这类犯罪在财产犯罪中的比重大体上"逐年上升"，但这类犯罪活动的绝对比重在北京城市"边缘区"是最低的。这是因为，诈骗犯罪的潜在受害者主要集中在三环路以内区域，诈骗案件具有向北京城市"核心区"集聚的空间分布规律。

在分析北京城市公共安全的总体情况、不同类别财产犯罪案件数量的变动趋势、北京城市"核心区"与"边缘区"公共安全的异同的基础上，下面将从微观视角，对比 2005 年与 2013 年财产犯罪高发的街道、乡、镇，探讨北京城市公共安全的"热点"区域。

2005 年，北京市卢沟桥街道、丰台镇、新村街道、大红门街道、东铁匠营街道、十八里店地区、劲松街道、高碑店地区、苹果园街道、紫竹院街道、北太平庄街道、东升地区是北京财产犯罪案件相对高发的区域，是北京城市公共安全水平较低的区域。造成上述公共安全水平偏低的原因主要有三类：第一，北京西站、六里桥长途汽车站、丽泽桥长途汽车站等交通枢纽主要分布在这类区域。交通枢纽周边区域是北京流动人口主要集散地，流动人口集中区域往往犯罪活动高发。第二，大红门服装商贸城、新发地农产品批发市场等北京主要的服装批发市场和农副产品批发市场集中在这类区域。批发市场周边区域往往人流、物流密集，也是犯罪活动高发地区。第三，国贸商圈、五道口商圈等商业中心部分属于上述区域。商业中心人流量大，为犯罪分子作案提供了大量的潜在受害者。

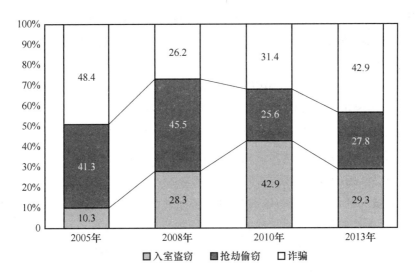

图5 2005—2013年北京城市"边缘区"各类财产犯罪相对比重的变化

2013年,北京市大红门街道、东铁匠营街道、新村街道、十八里店地区、潘家园街道、北新桥街道、广安门外街道、展览路街道、金融街街道是北京财产犯罪案件相对高发的区域,是北京城市公共安全水平较低的区域。与2005年相比,北新桥街道、广安门外街道、展览路街道、金融街街道成为北京财产犯罪新的"热点"地区。拥有全球知名度的"餐饮一条街"——簋街坐落在北新桥街道,北京最大的服装批发市场——动物园服装批发市场坐落在展览路街道,北京三大CBD之一的金融街CBD主要位于金融街街道。以上三类区域人流密集,为犯罪分子作案提供了便利。

3. 地铁运营企业助力北京城市公共安全

目前,北京城市轨道交通的运营主体主要有两家企业:北京市地铁运营有限公司(以下简称北京地铁运营公司)和北京京港地铁有限公司(以下简称京港地铁)。北京所有的轻轨和地铁线路均由这两家企业运营。其中,1号线、2号线、5号线、6号线、7号线、8号线、9号线、10号线、13号线、15号线、八通线、机场线、房山线、昌平线、亦庄线由北京地铁运营公司运营;4号线、14号线、16号线、大兴线由京港地铁运营。北京地铁运营公司是大型国有独资企业,前身是北京市地下铁道总公司。京港地铁是国内城市轨道交通领域首个引入外资的合作经营企业,由北京市基础设施投资有限公司出资2%,北京首都创业集团有限公司和香港铁路有限公司各出资49%组建。京港地铁以PPP(Public-Private-Partnership)模式参与投资、建设并运营北京的地铁4号线、14号线、16号线,特许经营期均为30年,并取得北京轨道交通大兴线的委托运营权。

地铁运营企业会自发(有可能受政府要求)雇佣安保人员,采购安检设备和监控设备,以强化轻轨和地铁站的安保水平。理论上,这些配备到轻轨和地铁站的安保人员、安检设备、监控设备,会提高犯罪分子在轻轨和地铁站及其周边区域作案的难度,从而改善这类区域的公共安全。下面将利用经济计量模型,探讨北京地铁运营公司和京港地铁所属的轻轨和地铁站,在改善北京城市公共安全上,是否起到积极作用。本案例基于的经济计量模型设定如下:

$$Safety_{it} = \alpha + \beta_1 Station_{it} + \beta_2 Employment_{it} + \beta_3 Population_{it} + \beta_4 CBD_{it} + \varepsilon_{it}$$
$$Safety_{it} = [Property_{it}, Burglary_{it}, Robbery_{it}, Fraud_{it}]'$$

其中,$Safety_{it}$代表每期北京城六区公共安全水平;$Property_{it}$代表每期北京城六区各街道、乡、镇的财产犯罪案件数量占城六区财产犯罪案件总数的比重;$Burglary_{it}$代表每期北京城六区各街道、乡、镇的入室盗窃案件数量占城六区入室盗窃案件总数的比重;$Robbery_{it}$代表每期北京城六区各街道、乡、镇的抢劫偷盗案件数量占城六区抢劫偷盗案件总数的比重;$Fraud_{it}$代表每期北京城六区各街道、乡、镇的诈骗案件数量占城六区诈骗案件总数的比重;$Station_{it}$代表每期北京城六区各街道、乡、镇拥有的轻轨及地铁站出口数量占城六区轻轨及地铁站出口总数的比重;$Employment_{it}$代表每期北京城六区各街道、乡、镇就业人口占城六区总就业人口的比重;$Population_{it}$代表每期北京城六区各街道、乡、镇常住人口占城六区总常住人口的比重;CBD_{it}代表北京城六区各街道、乡、镇的相对区位,利用每期各街道、乡、镇到北京就业中心的平均距离来表征[①];本次研究的估计方法是混合截面回归。

北京城六区公共安全影响因素的回归结果如表 2 所示。在北京城六区,各街道、乡、镇的轻轨及地铁站、就业人口、常住人口对本地公共安全存在显著影响(对应的参数估计值分别是-0.76,0.332,1.943);各街道、乡、镇的轻轨及地铁站、常住人口、相对区位对本地入室盗窃案件具有显著影响(对应的参数估计值分别是-0.1,2.515,0.001);各街道、乡、镇的轻轨及地铁站、就业人口、常住人口、相对区位对本地抢劫盗窃案件具有显著影响(对应的参数估计值分别是 0.231,-0.412,0.457,0.001);各街道、乡、镇的就业人口、常住人口、相对区位对本地诈骗案件具有显著影响(对应的参数估计值分别是 0.734,0.679,0.001)。以上估计值通过相应水平显著性检验。

这意味着,北京地铁运营公司和京港地铁所运营的轻轨和地铁站具有抑制其所在街道、乡、镇的财产犯罪案件,提升这些区域公共安全的作用。北京地铁运营公司和京港地铁的所有轻轨线和地铁站都拥有众多安检设备及监控设备,北京地铁运营公司和京港地铁也为所有轻轨线和地铁站配备了大量安保人员。为数众多的安检设备、监控设备、安保人员的存在,使得轻轨和地铁站对所在区域的财产犯罪行为形成有力震慑,北京地铁运营公司和京港地铁事实上改善了北京城市公共安全。可以预见,随着北京的城市轨道交通线路的不断增加,随着北京的轻轨和地铁站数量的不断增多,北京地铁运营公司和

---

① 一般认为北京有三个就业中心:国贸、金融街和中关村。其中,2005 年至 2007 年以到国贸和金融街的平均距离为准;2008 年至 2013 年以到国贸、金融街、中关村的平均距离为准;这是因为 2005 年至 2007 年,中关村对北京而言还不是真正意义上的就业中心。

京港地铁会对北京城市公共安全发挥越来越重要的稳定作用。但具体到不同类别的财产犯罪活动,北京地铁运营公司和京港地铁的震慑作用存在一定的差异性(见表2)。对入室盗窃这类更恶性的犯罪活动而言,轻轨和地铁站安检设备、监控设备、安保人员的存在,会有效遏制这类犯罪活动在轻轨和地铁站所在街道、乡、镇的发生。对抢劫偷盗这类相对轻微的犯罪活动而言,轻轨和地铁站的存在会吸引人流,增加轻轨和地铁站所在区域的潜在受害者,从而吸引抢劫偷盗犯罪分子向这类区域集聚。这实际上可能在一定程度上对轻轨和地铁站所在区域的公共安全造成负面影响。对诈骗这类不需要发生直接接触的犯罪活动而言,轻轨和地铁站安检设备、监控设备、安保人员并不能遏制这类犯罪,诈骗犯罪活动主要受经济活动的吸引。

表2 北京城六区公共安全影响因素的回归结果

自变量	公共安全	入室盗窃	抢劫偷盗	诈骗
Constant	-0.004 [-5.781]***	-0.005 [-5.765]***	0.008 [6.128]***	0.001 [1.716]*
Station	-0.076 [-3.197]***	-0.100 [-2.926]***	0.231 [4.54]***	-0.042 [-1.568]
Employ	0.332 [6.116]***	-0.069 [-0.882]	-0.412 [-3.536]***	0.734 [11.901]***
Population	1.943 [22.491]***	2.515 [20.126]***	0.457 [2.466]**	0.679 [6.92]***
CBD	0.001 [-0.143]	0.001 [2.147]**	0.001 [-2.552]**	0.001 [-2.503]**

注:***、**、*分别表示1%,5%和10%的显著水平。

北京城市"核心区"公共安全影响因素的回归结果如表3所示。在北京三环路以内区域,各街道、乡、镇的就业人口、常住人口、相对区位对本地公共安全存在显著影响(对应的参数估计值分别是0.324,1.154,0.001);各街道、乡、镇的常住人口、相对区位对本地入室盗窃案件具有显著影响(对应的参数估计值分别是1.963、0.001);各街道、乡、镇的轻轨及地铁站、就业人口对本地抢劫盗窃案件具有显著影响(对应的参数估计值分别是0.431,-0.438);各街道、乡、镇的就业人口、常住人口、相对区位对本地诈骗案件具有显著影响(对应的参数估计值分别是0.683、0.264、0.001)。以上估计值通过相应水平显著性检验。

这意味着,在北京城市"核心区",北京地铁运营公司和京港地铁所运营的轻轨和地铁站并未起到抑制其周边区域财产犯罪案件的作用。轻轨和地铁站及其安检设备、监控设备、安保人员的存在,对这些区域的公共安全没有显著影响。这是因为,北京三环路以内的核心区域是北京市公安局等社会治安管理机构的重点监控区域。与社会治安管理机构在北京城市"核心区"的公共安全投入相比,北京地铁运营公司和京港地铁的相关投入相对次要。

虽然总体上城市轨道交通运营企业的安保投入对北京城市"核心区"公共安全影响不显著,但对特定类别的财产犯罪活动而言,北京地铁运营公司和京港地铁在北京城市"核心区"运营的轻轨和地铁站仍存在显著影响(见表3)。例如,北京城市"核心区"的轻轨和地铁站人流非常密集,写字楼、购物中心、餐厅大量选址在周边区域。这种情况增加了轻轨和地铁站周边区域的潜在受害者,提高了抢劫偷盗这类犯罪活动在这类区域发生的概率,从而在一定程度上对这类区域的公共安全造成负面影响。对入室盗窃和诈骗这两类犯罪活动而言,轻轨和地铁站安检设备、监控设备、安保人员对遏制犯罪和提升公共安全的影响不显著。

表3　北京城市"核心区"公共安全影响因素的回归结果

自变量	公共安全	入室盗窃	抢劫偷盗	诈骗
Constant	−0.019	−0.023	0.015	−0.004
	[−11.039]***	[−8.187]***	[3.513]***	[−2.223]**
Station	−0.026	−0.025	0.431	−0.048
	[−0.764]	[−0.436]	[5.208]***	[−1.204]
Employ	0.324	−0.100	−0.438	0.683
	[4.753]***	[−0.893]	[−2.674]***	[8.681]***
Population	1.154	1.963	−0.102	0.264
	[12.035]***	[12.473]***	[−0.443]	[2.38]**
CBD	0.001	0.001	0.001	0.001
	[6.027]***	[2.782]***	[1.129]	[2.925]***

注:***、**、*分别表示1%,5%和10%的显著水平。

北京城市"边缘区"公共安全影响因素的回归结果如表4所示。在北京三环路以外区域,各街道、乡、镇的轻轨及地铁站、常住人口、相对区位对本地公共安全存在显著影响(对应的参数估计值分别是0.007,0.536,0.001);各街道、乡、镇的轻轨及地铁站、就业人口、常住人口、相对区位对本地入室盗窃案件具有显著影响(对应的参数估计值分别是−0.059,−0.249,0.909);各街道、乡、镇的轻轨及地铁站、就业人口、常住人口对本地抢劫盗窃案件具有显著影响(对应的参数估计值分别是0.074,−0.19,0.453);各街道、乡、镇的就业人口、相对区位对本地诈骗案件具有显著影响(对应的参数估计值分别是0.448,0.001)。以上估计值通过相应水平显著性检验。

这意味着,在北京城市"边缘区",北京地铁运营公司和京港地铁所运营的轻轨和地铁站具有震慑犯罪分子,遏制周边区域财产犯罪案件,提升公共安全的作用。而北京市公安局等社会治安管理机构对北京三环路以外区域的监控力度相对而言不及"核心"区域。这样,北京地铁运营公司和京港地铁,以及两家公司在北京城市"边缘区"运营的轻轨和地铁站,在北京城市"边缘区"的公共安全上,会发挥比城市"核心区"更大的作用。

对不同财产犯罪活动而言,北京地铁运营公司和京港地铁在北京城市"边缘区"运营的轻轨和地铁站,对公共安全的影响存在一定的差异性。例如,对入室盗窃这类犯罪活动而言,北京城市"边缘区"的轻轨和地铁站安检设备、监控设备、安保人员的存在,会有效遏制这类犯罪活动在轻轨和地铁站所在街道、乡、镇发生。对抢劫偷盗这类犯罪活动而言,轻轨和地铁站的存在会吸引人流,增加轻轨和地铁站所在区域的潜在受害者,从而吸引抢劫偷盗犯罪分子向北京城市"边缘区"这类区域集聚。这实际上可能在一定程度上对轻轨和地铁站周边区域的公共安全造成负面影响。对诈骗这类犯罪活动而言,轻轨和地铁站安检设备、监控设备、安保人员并不能遏制这类犯罪。

表4 北京城市"边缘区"公共安全影响因素的回归结果

自变量	公共安全	入室盗窃	抢劫偷盗	诈骗
Constant	0.014 [7.264]***	0.009 [2.78]***	0.012 [3.634]***	0.015 [5.404]***
Station	0.007 [−2.347]**	−0.059 [−1.837]*	0.074 [2.144]**	0.017 [0.604]
Employ	0.014 [0.329]	−0.249 [−3.629]***	−0.190 [−2.561]**	0.448 [7.297]***
Population	0.536 [7.172]***	0.909 [7.697]***	0.453 [3.535]***	0.067 [0.632]
CBD	0.001 [−6.274]***	0.001 [−1.481]	0.001 [−1.292]	0.001 [−4.658]***

注:***、**、*分别表示1%、5%和10%的显著水平。

4. 总结

为了应对城市化带来的交通拥堵、环境污染等城市问题,世界主要城市均大力发展城市轨道交通。城市轨道交通网络的扩展速度,在一定程度上反映了城市的发展阶段和发展水平。伴随着城市轨道交通的不断发展,城市经济、社会、安全等方面的空间组织形态也在发生相应的变化。其中,轻轨和地铁站的运营企业会自发强化安保投入,在理论上会提高犯罪分子在轻轨和地铁站周边区域作案的难度,从而改善这类区域的公共安全。本案例聚焦北京市,分析地铁运营公司运营的轻轨和地铁站,能否改善北京的城市公共安全。本案例的主要结论如下。

(1) 在运营城市轨道交通系统的中国城市中,北京是发展时间最早,站点数量最多,运营里程最长的城市之一,具有一定的代表性。北京城市轨道交通主要经历了四个发展阶段:第一阶段为筹备与战备运行阶段(1953—1975年);第二阶段为尝试运营和缓慢发展阶段(1975—2001年);第三阶段为迎接奥运和快速发展阶段(2001—2008年);第四阶段为北京城市规划的统筹发展阶段(2008年以来)。截至2015年,北京已形成较为完善的城市轨道交通网络,共计18条运营线路和334座运营车站,运营里程554 km,运营线路覆盖11个市辖区。北京经济、社会、公共安全正受到北京轨道交通网络的深刻影响。

(2) 总体而言,北京财产犯罪案件数量呈现逐年下降的态势,这意味着城市公共安全呈现逐年提升的趋势,但是不同年份间存在波动。具体而言,财产犯罪案件数量在2006年达到峰值(约2.9万件)后,开始大幅下降,在2009年降至最低值(3 069件),2010年以后,犯罪案件数量逐步回升,并大致稳定在年均1.6万件上下。这是因为,在筹备和举办北京奥运会期间,高强度的城市公共安全投入,显著提升了这一时期北京的城市公共安全。但高强度城市公共安全投入会挤占其他领域的公共投入,这种态势无法长期持续。在"后奥运"时期,北京城市公共安全投入逐步下降到正常水平,这也是同一时期犯罪案件数量回升的主要原因。对不同类型的财产犯罪活动而言,2005—2013年的变动趋势存在差异。入室盗窃和抢劫偷盗这两种类型都呈现"先下降后上升"的趋势,与筹备和举办北京奥运会期间高强度的城市公共安全投入以及"后奥运"时期北京公共安全投入的自然回落是相吻合的。诈骗犯罪活动在九年间大体呈现"逐年上升"的趋势。这也体现了在预防及侦破电信诈骗和网络诈骗上面临的现实困难。

北京城市公共安全的另一个特点是具有"核心-边缘"空间结构。北京是中国的政治中心,三环路以内区域,党和国家领导机关云集,是北京城市公共安全的重点管控区域。三环路以外区域,由于地域面积广大,社会治安管理部门管控难度相对较大。在筹备和举办北京奥运会期间,高强度的城市公共安全投入主要集中于三环路以内区域。因此,这一时期北京城市"核心区"的财产犯罪案件占比有一定程度的下降。2010年开始,随着北京城市安全工作的常态化,北京城市"核心区"的财产犯罪案件占比开始回升。入室盗窃、抢劫偷盗、诈骗这三类犯罪活动的空间结构的变迁,与财产犯罪的总体趋势一致。这类案件的空间分布特征、变动趋势以及财产犯罪案件的总体情况大体一致。

对北京城市"核心区"而言,九年间入室盗窃犯罪在财产犯罪中的比重,呈现"先下降后上升"的趋势,而且在北京奥运会筹备和举办期间,入室盗窃案件的占比大幅度下降。抢劫偷窃犯罪在财产犯罪中比重大体呈现"逐年下降"的趋势。对诈骗而言,九年间这类犯罪在财产犯罪中的比重大体呈现"逐年上升"的趋势。近年以来,诈骗犯越来越依赖电信和网络进行犯罪,与受害人发生直接接触的情况越来越少。诈骗活动的潜在受害者主要是就业人口,而北京就业人口日益集中在三环路以内区域,因此诈骗案件呈现向北京城市"核心区"集聚的趋势。

在北京城市"边缘区",入室盗窃案件的比重要高于抢劫偷盗及诈骗案件。2005—2013年三环路以外区域入室盗窃占比呈现"先下降后上升"的趋势。北京奥运会筹备和举办阶段,社会治安管理机构重点关注北京城市"核心区",入室盗窃犯罪分子被"挤出"

到了北京郊区。对抢劫偷窃而言,这类犯罪在北京城市"边缘区"财产犯罪中的比重"逐年下降"。对诈骗而言,虽然这类犯罪在财产犯罪中的比重大体上"逐年上升",但这类犯罪活动的绝对比重在北京城市"边缘区"是最低的。

2005年,北京市卢沟桥街道、丰台镇、新村街道、大红门街道、东铁匠营街道、十八里店地区、劲松街道、高碑店地区、苹果园街道、紫竹院街道、北太平庄街道、东升地区是北京财产犯罪案件相对高发的区域,是北京城市公共安全较低的区域。造成以上公共安全水平偏低的原因主要有三类:第一,邻近汽车站、火车站等交通枢纽;第二,邻近服装、农产品等批发市场;第三,邻近北京的主要商圈。这类区域人流量大,流动人口集中,潜在受害者数量大,往往是财产犯罪活动高发区域。2013年,北京市大红门街道、东铁匠营街道、新村街道、十八里店地区、潘家园街道、北新桥街道、广安门外街道、展览路街道、金融街街道是北京财产犯罪案件相对高发的区域,是北京城市公共安全较低的区域。

(3) 以北京地铁运营公司和京港地铁为代表的城市轨道交通运营企业,其所运营的轻轨和地铁站实际上能够显著抑制所在街道、乡、镇的财产犯罪活动,从而提升这类区域的城市公共安全。这是因为,北京城市轨道交通运营企业的轻轨和地铁站都拥有大量安保人员、安检设备、监控设备。这类人员和设备的存在,对轻轨和地铁站所在区域的财产犯罪行为形成有力震慑。具体到不同类别的财产犯罪活动,北京城市轨道交通运营企业的震慑作用存在一定的差异性。对入室盗窃这类相对恶性的犯罪活动,北京城市轨道交通运营企业所属的轻轨和地铁站,会显著抑制所在街道、乡、镇的这类犯罪活动;对抢劫偷盗这类相对轻微的犯罪活动,轻轨和地铁站吸引人流,增加周边区域潜在受害者,从而吸引抢劫偷盗犯罪分子向这类区域集聚;对诈骗这类不需要与受害者发生直接接触的财产犯罪活动,城市轨道交通运营企业的安检设备、监控设备、安保人员并不能抑制这类犯罪活动。

由于北京城市公共安全具有"核心-边缘"的空间结构,因此北京城市轨道交通运营企业运营的轻轨和地铁站,对城市"核心区"和"边缘区"的公共安全存在差异化的影响。在北京城市"核心区",城市轨道交通运营企业所运营的轻轨和地铁站并未起到抑制其周边区域财产犯罪案件的作用。这是因为,北京三环路以内的核心区域是北京市公安局等社会治安管理机构的重点监控区域。相比之下,城市轨道交通运营企业的相关投入是次要的。在北京城市"核心区",城市轨道交通运营企业运营的轻轨和地铁站对不同类别犯罪活动的影响存在一定差异。由于北京城市"核心区"的轻轨和地铁站的周边区域人流非常密集,属于抢劫偷盗这类犯罪活动的高发区域,因此潜在受害者数量在北京城六区最高,从而对这类区域的公共安全造成负面影响。对入室盗窃和诈骗这两类犯罪活动而言,轻轨和地铁站对遏制这两类犯罪活动的作用不显著。在北京城市"边缘区",社会治安管理机构的监控力度相对较弱。城市轨道交通运营企业在"边缘区"的公共安全上,发挥着比"核心区"更大作用,其所属的安保人员、安检设备、监控设备能够震慑犯罪分子,遏制周边区域财产犯罪案件,提升公共安全。具体而言,城市"边缘区"的轻轨和地铁站的安检设备、监控设备、安保人员对三类财产犯罪活动的影响,与城六区的情况类似。

二、案例讨论题

1. 为什么2008年北京奥运会后,北京市政府仍然继续大力发展城市轨道交通?
2. 试分析北京城市公共安全水平较低区域的形成原因。
3. 从"公共品"和"准公共品"的角度,分析地铁运营企业影响北京城市公共安全的机制。

快手直播"伪慈善"事件发酵

——网络治安该何去何从？

熊 炎 李 敏

一、案例正文

引言： 本案例描述了2016年11月《成都商报》爆出的快手主播利用快手网络平台直播"慈善济民"，实为骗取网民钱财的网络诈骗事件。事件爆出后，各相关主体虽及时做出反应，但仍在社会上引起一片讨论热潮。"伪慈善"事件的背后是网络行业秩序的缺失，诸如"网络直播平台如何摆脱野蛮生长""直播'伪慈善'应追究诈骗罪""直播新规能否杜绝'伪慈善'"等说法层出不穷，引发了社会上对于网络诈骗罪以及网络诈骗背后的制度规范缺失的讨论。网络诈骗是指以非法占有为目的，利用互联网采用虚构事实或者隐瞒真相的办法，骗取数额较大的公私财物的行为，其与一般诈骗的区别主要为是否利用互联网实施诈骗。快手主播利用网民们的同情心以及大凉山的村民们对他们的信任，骗取大量钱财，这已构成网络诈骗罪。伪慈善直播团队也不止一个，网络诈骗也不止一起。国家互联网信息办公室等部门对于网络直播行业的市场监管审核力度不够、运营商社会责任感缺失、网民自我防护意识不够，这些都会导致网络诈骗的盛行。网络直播因其实时性的特点，管理难度较高，各主体间如何联合起来共同拯救"网络慈善"，规范网络秩序成为当下亟待思考的问题。

这几年，随着互联网技术的发展不断进步，网络直播作为一种新型潮流也是混得风生水起，平台运营大多赚得盆满钵满。互联网直播以多种形式呈现在人们眼前，斗鱼、龙珠、熊猫以及最近人气爆棚的快手直播都成为大众的新时代"网络宠儿"。在这个物欲横流的时代，网络直播的多元化文化、多种类的展现方式，既能够满足观众们的需求，也能让主播名利双收。在直播平台泛滥的当下，网络主播日益成为许多人竞相追捧的职业。在创投行业数据库IT桔子中，以"直播"为关键词进行搜索，能搜到240家相关的创业公司（截至2016年5月25日）。此前，在公众号"新媒体课堂"的统计显示，在现有的116个直播平台中,近三年成立的比例为60%,其中有108家获得了融资。①

当然,事情都是具有两面性的。作为新生事物,网络直播最初走在了行业监管规则的前列,也不可避免地留下了一定的模糊地带,给一些行业从业者钻了空子。网络主播们从一开始的以直播唱歌、跳舞、讲故事为主,到现在的直播内容无下限,个别网络主播用暧昧、出格表演"蹭热点"——车祸现场、他人隐私、虐待动物甚至是盗墓都出现在直播镜头之下。网络主播们以获取金钱和名誉为目的,不管是否触犯了所谓的道德底线。如果说通过网络自黑、直播暧昧言论的视频获取关注尚可原谅,但如果企图利用网络直播来绑架慈善骗取公众同情心,进而为自己聚敛钱财,那就真是不可原谅了。

2016年11月,快手直播平台"大凉山伪慈善"事件在网络上首度爆出,引起社会广泛关注。当地政府相关部门迅速介入调查,公安部门也立即成立专案组,赶赴事发地——凉山州布拖县进行调查取证,经过努力,犯罪嫌疑人杨杰、刘国彪均已认罪伏法,事件结果看似告一段落,但针对此事的反思却并没有随着案件的结束而终结,反而在社会上引起了大家关于网络秩序与社会治理的讨论,"网络诈骗"一词更是登上热搜。很多人对网络直播是否应该继续存在产生质疑,网络直播行业混乱的背后又折射出政府和市场存在哪些方面的制度缺失呢?"网络慈善募捐"真的不能存在吗?要如何完善才能真正在这个互联网时代下搞好慈善?

本案例旨在探讨互联网信息时代下如何规范网络社会秩序,从而保证业界良性循环,真正让网络公益落到实处。

1. 一次快手主播的内讧引出了"大凉山慈善直播"背后的敛财真相

2016年10月,一段快手主播在大凉山搞假慈善的视频在网上流传,视频中,两名男子在快手直播平台上直播做慈善,一名自称"杰哥"的男子安排凉山州某村村民站成两排,自己手中则拿着厚厚的一沓钱,并在直播中称要将这三万元钱如数发放给在座的乡亲,并承诺说以后网络直播所得钱财均用来资助这些村民。但是镜头一转,紧接着后边一批人又从村民手中把钱拿回来,只发给老人小孩们总共不到二百元的"辛苦费",而之前所谓的"慈善济民"不过是为了增加粉丝数和观看量,让"粉丝多刷礼物"。此事经《成都商报》独家报道后,引发全国关注。

事情一经曝光,凉山州当地政府部门立即出动调查取证,当地记者也参与调查了解。据凉山州公安局调查发现,这些主播的真正目的在于利用网络慈善来"吸粉"、赚钱。"快手黑叔"更是直言不讳地说自己打着公益的旗号一个月收入高达六位数。

2016年10月19日,经记者多日调查得知,原来这群网络平台主播们在大凉山搞"慈善"已经有一段时间了,而且记者从当地村民的口中得知不止一个团队来搞过"慈善"。据当地的知情人士介绍,在布拖县觉撒乡的一个村庄,一个多月前,三个外地人,来到该

---

① 以太资本. 网红经济学[M]. 北京:人民邮电出版社,2017.

村找到一名老人,帮老人喂东西、洗脚,主播还给了老人几百元,让老人举着拍摄。最后,老人只是摆拍对象,主播们发的钱也被收回,只给了老人二三十元作为"辛苦费",另外送了一点面条和一件衣服。记者多方核实得知,最早被曝光的"快手杰哥"等人做伪慈善的地方,是布拖县九都乡达觉村。据当地村民介绍,十月的一天,当时几名男子提着一些东西来村里,说要发东西,还要发钱。被骗的一位村民回忆,大人小孩被安排在路边站成两排,然后一纹身男子(快手杰哥)就开始拿出钱来发,一个人发一小沓,具体多少钱不清楚。"他们就拿着手机拍照。"该村民说,当时这些人还叫村民要把钱拿在手里,举得高高的方便拍照。据该村民介绍,当(拍摄)完了之后,这些人就把钱收回了,只给村民们发了一些毛巾、牙刷等生活用品,还给每个小孩发了铅笔和鸡蛋。据了解,"快手杰哥"给村民发出的3万元,在直播完毕后,全部被收回。最终,这些主播给村民们发的东西总价值不到200元。

此次"伪慈善直播"事件之所以能够曝光,原因很简单,仅仅是因为主播们之间因利润分配不均发生内讧而相互揭发,否则"伪慈善直播"仍会继续下去。一位号称"杰哥"的快手网络主播毫不讳言自己的动机——"我杰哥承认去大凉山是为了涨粉,是为了骗礼物、赚钱。我也有承认,说我虚假发钱。"这位主播的话,恐怕代表着部分网络主播的态度——在粉丝经济和网络虚拟中矗立起来的直播业态里,可以很明显地嗅出丛林法则的气息。吸睛和涨粉的背后,是"无本万利"的利益攫取,这架起了诸多"疯狂的镜头"。主播们对于"网络诈骗罪"毫不在意,这种语境下,"责任""义务"等良好品行无法成为标配,网络职业道德对他们而言更无从谈起。快手主播们"见钱眼开""钩心斗角",长此以往,如果任由他们信马由缰、放任自我,后果将是整个行业的秩序的塌陷。新生行业需要发展空间,也离不了适当的政策监管。如果相关从业者只顾踩油门,追求飙车的快感,将会面临倾覆的危险,网络平台如果把握不了方向盘,也会迷失自我,如此下去,网络直播恐怕难言前景光明。

2. "大凉山伪慈善"事件一经曝光,各相关主体纷纷做出回应

假公益欺骗了大凉山民众,伪慈善欺骗了网络观众。这种披着慈善的外衣大行敛财之道的行为也彻底的激怒了广大民众,一时之间,网络上充斥着对此事件的激烈讨论,有人认为是网络直播平台放纵这些主播从中牟利并借机获得好处,从而形成市场经济的负外部性,有人声称这是有关政府部门监管不力的结果,政府部门之间职责不清、相互推诿、办事效率不高是很多人共同的感觉,更多的人则是对各种网络公益慈善产生了质疑,他们感觉在市场经济下互联网行业终究也会发展成一种垄断性行业,那么网络慈善是不是只是企业牟利的一种手段呢?对此,中华人民共和国公安部、国家互联网信息办公室、中华慈善总会以及快手直播平台等都采取了积极的措施进行处理。

(1)公安部门:彻查涉事主播的伪慈善行为,驱离相关人,被骗网友可报案

此事一经爆出,凉山州公安局立即出动警力,联合民政部门到大凉山州布拖县进行

了实地调查,向当地村民询问了当时"伪慈善直播"的真实情况。抵达该地,警方立即对涉事人员进行了驱赶,并让受骗网友报案以方便对诈骗事件的进一步查证。公安部门负责人表示,经调查快手主播的"伪慈善直播"行为已经构成犯罪,他们的这种行为经查明后会根据情节的轻重情况交由法院做出判决。公安部也表示,其实从7月末,公安部就已经决定在全国范围内专项整治网络直播平台,虽然现如今成效甚微,但以后他们也将加大治理力度,努力保证业界的良性循环。

凉山州民政局的有关负责人表示,对于这种搞"伪慈善"的行为,他们坚决采取"零容忍"态度。在他们看来,这是对大凉山州村民深深地欺骗,严重损害了公众对慈善公益的信任度,把村民们以这种形式曝光在镜头下也是一种伤害民众自尊心的做法。因此要坚决查处相关慈善的违法行为,对于这种恶意骗捐的行为,应予以重拳打击。

(2) 网信办:正式发布《互联网直播服务管理规定》,对平台、主播和用户的行为进行规范

2016年11月4日,国家互联网信息办公室发布了《互联网直播服务管理规定》,并在12月1日起正式施行。与此同时,就直播平台出现的"伪慈善"事件,北京市网信办约谈快手直播平台相关负责人,并进行调查取证,责令直播平台在短时间内全面整改。而且,经查证,快手直播平台在"伪慈善直播"事件发生以后,虽然采取了一些补救措施,但始终未能直面问题,在对公众所关心的问题上回答得模棱两可,甚至向参与调查的相关部门隐瞒、回避问题。针对这些情况,北京市网信办相关负责人表示将严格监督指导快手直播平台逐条落实整改要求。另外,针对"伪慈善"事件暴露出互联网直播行业中存在的诸多问题,国家网信办将在以后的时间里加大查处力度,并完全贯彻落实新颁布的《互联网直播服务管理规定》,强化属地直播平台管理,严格执法。

此外,首都互联网协会相关负责人也表示,直播网站应该遵守《互联网直播服务管理规定》,按照《维护直播服务秩序发挥积极社会作用》承诺书的要求,进一步完善内控机制,主动接受社会监督。

(3) 慈善总会:"伪慈善直播"违反《中华人民共和国慈善法》,违背了慈善本质

对于凉山州出现的种种伪慈善事件,凉山州慈善总会有关负责人在接受记者采访时表示,这种行为从道德层面应该受到谴责,这种伪慈善的行为,分明是打着慈善的名头,做着诈骗的行为。这种行为不仅抹黑了慈善,还伤害了老百姓。从法律层面来看,这样的行为明显已经违反了《中华人民共和国慈善法》(以下简称《慈善法》)的规定。"扶贫济困是中华民族的传统美德,而这些持有不良目的的个人或组织,打着慈善的幌子做一些非法的事情,扭曲了慈善的目的,违反了慈善的本质。"慈善总会负责人表示《慈善法》已于2016年9月1日起就开始实施,而涉事快手主播的伪慈善行为明显触犯了《慈善法》,属于一种违法犯罪行为。

凉山州当地政府部门有关人士在接受记者采访时表示,不可否认当下有很多公益组

织的确推动了当地扶贫济困的工作,但还是有一些人打着慈善的幌子,在凉山州搞伪慈善活动,夸大当地的贫穷,摆拍、作秀渲染当地生活状态。"在凉山州已经发生了多起类似的事件,这样造假、造贫的方式损害了凉山州及当地村民的形象,严重损害公众对慈善公益的信任度。"

人们总是容易被善举所感动,看到网络主播们为贫困地区献爱心,人们总是愿意相信的。但是这种肆意消费人们的善良的行为容易在曝光后造成对民众的伤害,冲淡人们的爱心,增加人们的冷漠感,如果放任这种"伪慈善直播"继续下去,将会对中国整个慈善行业造成不可逆转的危害。

(4) 快手直播平台:对"杰哥"永久封号,在大凉山做公益的21个账号已封禁

11月21日,快手公司官方发表正式声明,对"伪慈善"行为进行强烈谴责,并特别澄清,快手直播平台从未与任何主播或演艺公司签约,对查实的涉事用户,平台相关负责人员已在第一时间对其采取永久封号措施,绝不姑息。

声明表示,"伪慈善直播"事件发生后,快手直播平台第一时间采取行动,积极配合相关部门调查取证,对查有实证的骗粉用户永久封号,对涉嫌的用户账号暂时冻结。并承诺在警方查实快手主播犯罪行为后,立即查封冻结其账户。

对于为何在21日才发表声明这一问题,快手平台负责人也做出了解释。快手公司品牌管理部负责人表示,快手在获悉有用户涉嫌采用"伪慈善"方式骗粉以后,立即向有关职能主管部门和公安机关汇报,根据公安机关要求,第一时间留存证据,并暂缓发声,避免干扰案件的侦破过程。因此官方这一声明,延迟到11月21日才正式公布。

为了给广大网友提供一个健康的网络社区环境,快手公司将采取三项措施。一是加强包括直播在内的内容管理,保持7×24不间断内容管理;对于查实的包括但不限于伪慈善、吃异物、砸车、约架、假死等不良内容的用户,会根据违规级别给予严肃处理。二是快手将邀请专家、网友、机构和媒体,组成社区自律委员会,对平台上出现的有争议的视频或账号,提交委员会仲裁,涉及违法犯罪的,移交职能主管部门和公安机关处理;同时快手App将增强举报环节,设置专门的举报响应机制。三是将联合合法公益机构成立慈善基金,弘扬公益爱心。快手公司表示,平台一贯支持和鼓励公益慈善事业,但不提倡个人用户在平台上私自开展相关活动,防止伪慈善事件再有发生。根据《慈善法》的规定,快手公司会加强对平台上举办公益事业的考察,确保公益事业的真实可靠性。

作为一个与民众分享欢乐为基础的平台,快手直播平台的直接目的就是为民众带去欢乐,为民众带去陪伴。作为一个公众平台,快手的主要目的应该是弘扬社会正能量,而不是成为一些人敛财的渠道。因此,快手平台也坚称在以后的发展上将进一步严格规范平台发展的方向,坚决杜绝诸如"伪慈善直播"之类的事情再次发生。

3. "伪慈善"事件尘埃落定,犯罪分子终获惩罚

2017年9月7日上午,布拖县人民法院对快手网络平台主播杨杰、刘国彪的网络诈骗行为进行宣判,两人分别获刑3年8个月、3年6个月,并处罚金人民币3万元。并且公布了杨杰和刘国彪两位主播在凉山州"假慈善公益"的全过程。

主播杨杰2016年8月在快手网络平台注册成为主播,昵称为"杰哥"。由于金钱的诱惑和对主播日常收入的不满,杨杰打算另辟蹊径。在2016年8月初,杨杰打着"做慈善公益"的幌子带领一批网友先后来到布拖县境内的山区,找了一些在家的老人和小孩,组织老人小孩们排成队,给每人发物资或者200元至200元不等的人民币。然后进行摆拍录制视频传到直播平台。结束拍摄后,再将钱全部收回,将部分物资收回,只给其中一两个老人一二百元钱,给小孩20元人民币。而在直播平台上杨杰却称自己去大凉山是为了做公益,并称自己之所以做直播赚钱就是为了用来帮助需要帮助的人。以此来骗取粉丝对他的信任,通过粉丝在平台上为他刷礼物而赚取钱财。经法院审理查明,杨杰通过"直播伪慈善公益"获得粉丝60万,并在此期间上传相关视频1 499条,刷礼物提现21万余元。

法院审理认为,被告人杨杰以非法占有为目的,利用互联网,虚构慈善、公益的事实,隐瞒假发钱的行为,对不特定多数人实施诈骗,数额巨大,其行为已构成诈骗罪。本案社会影响大,性质恶劣,依法应当从重处罚,但鉴于被告人在归案后,认罪态度较好,如实供述自己的罪行并当庭自愿认罪,有悔罪表现,可酌情从轻处罚。被告人杨杰犯诈骗罪,判处有期徒刑3年8个月,并处罚金人民币3万元,违法所得216 773.15元,予以追缴。

主播刘国彪于2016年7月在快手网络平台注册成为主播,昵称为"黑叔"。刘国彪在快手平台上看到杨杰通过在大凉山布拖县给民众发放物资的相关视频,并发现杨杰因此而获得很多粉丝和礼物,为了能够像杨杰一样提高自己的知名度,并从中获得更多的粉丝和礼物,主播刘国彪也加入了"伪慈善直播"这一行列。2016年9月初,被告人刘国彪来到大凉山布拖县内的贫困山区,同样假借公益之名召集了一些老人和小孩,告诉他们会为他们发放物资和金钱,诱惑他们前来。他们为老人每人发放了1 000元,并让他们高举头顶拍照,摄影结束后立马就有人将钱全部收回,每位老人只给了100元的辛苦费。另外,他们还让小孩们排成一队发烤鸭和炒肉给他们吃,并将全部过程进行拍摄录制。为了表现出孩子们身世凄惨,他们还往小孩的脸上抹灰。随后,刘国彪就将相关视频传到相关平台上进行直播。他在直播时称,粉丝们为他刷的礼物他都会变换成现金发放给需要的人,并称他的每一次慈善都是粉丝们的爱心助力。实际上,刘国彪将所有现金都据为己有。经法院审理查明,被告人刘国彪通过网络直播提现19余万元,上传涉及凉山视频记录1 197条。

法院审理认为,被告人刘国彪以非法占有为目的,利用互联网,虚构慈善、公益的事

实,隐瞒假发钱的行为,对不特定多数人实施诈骗,数额巨大,其行为已构成诈骗罪。本案社会影响大,性质恶劣,依法应当从重处罚,但鉴于被告人在归案后,认罪态度较好,如实供述自己的罪行并当庭自愿认罪,有悔罪表现,依法可酌情从轻处罚。被告人刘国彪犯诈骗罪,判处有期徒刑3年6个月,并处罚金人民币3万元,违法所得194 506.34元,予以追缴。

网络主播企图用"网络直播慈善"来骗取钱财,终将受到法律的惩罚。网络直播的内容方式可以多样化,但不代表网络直播没有底线。互联网不应成为法外之地,社会生活有边界,网络世界也有它的底线。以法律来规范网络生活,既是对网民权益的保护,也是对网络秩序的维护。

4. "伪慈善直播"过后的反思——互联网诈骗为何屡禁不止,网络慈善要何去何从

如今是一个网络信息充斥的时代,互联网是顺应时代产生的,没有人能够否认它给人们带来的方便实惠。互联网让大家足不出户却能见到、听到世界各个地方的奇闻异事,互联网让远在千里的亲人朋友也变得近在咫尺。但是,互联网也为谣言、欺诈、诽谤提供了便利。网络不再是虚拟存在的,而成为影响社会秩序的真实存在。在网络上随处可见的陷阱让人们防不胜防,尤其是利用互联网诈骗的手段更是层出不穷,网络中奖兑换,网络"钓鱼"诈骗,网络投票的页面点开后莫名被扣掉1 000元,这些事情经常被报道。针对这些网络诈骗事件,相关部门出台了相关规定措施,却仍屡禁不止,是什么原因导致的呢?是市场的缺陷还是政府管理的缺失,抑或是其他?

(1) 互联网行业:网络文化和直播行业失范,平台管理不力

纵观现在的互联网行业,尤其是直播行业,有明显的灰色地带。很多网络直播有胆量、无底线,只有你不敢看的,没有直播做不到的。各种暴力血腥的场景剧情在网络上已经见怪不怪,尺度也丝毫不受限制,以满足众多用户的猎奇心理为目的大肆宣扬低俗文化。对于主播们这些行为,只要网民们不举报,政府监管部门没有下令查处,互联网行业的相关负责人往往"睁一只眼闭一只眼"的态度,甚至会为有些主播隐瞒其违规行为。

为什么网络行业不能认真履行职责,加强平台内容的监管呢?其实原因很简单,不过是为了有利可图。据调查表明,互联网直播平台和主播们存在某种"共生关系"。网络主播们在平台上所获收益越大,越受欢迎,该平台获利也就越大,这也就解释了网络平台会对一些主播的行为"宽恕"的原因了。在消费场景和人群调性都匹配的情况下,主播们要想通过电商平台变现就需要看其是否有强大的"供货能力",另外运营团队也就是这些网红主播们背后的供应链体系很重要。供应链运营公司除了要把握好生产速度,还要做好产品设计、网站运营以及客服管理体系的完善等工作。具体变现过程可以参考图1。

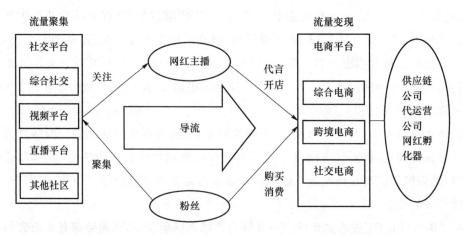

图 1　网红主播从社交平台到电商平台的变现流程①

另外,网红还可以通过服务变现,这也是快手主播主要的变现方式。图 2 是此种变现方式的流程图。这种变现方式不需要借助其他平台,而是得益于网民在线支付和在线消费习惯的形成。直播平台直接会把粉丝的打赏按一定比例与主播进行分成。在此次互联网"伪慈善直播"事件中,主播们通过在网络平台直接获取粉丝们的捐赠,这部分钱平台和主播们各有所得,这也是平台没有在第一时间采取措施的原因。我们现在的互联网行业仍是一个不完全竞争市场,存在着很多诸如市场的垄断性、信息的不完全性以及负外部性等缺陷。网民们对网络内部运营不了解,很多直播平台凭借强硬手段阻止其他平台的发展,达到独霸一方的目的。我们往往称为规模经济的垄断性,由于行业垄断,信息缺失,垄断者没有危机感,革新积极性减弱,结果也就偏离了人们的期望。② 因此,秩序混乱、规范缺失也就成了常态,互联网行业在这种情景下很难有一个好的发展前景。

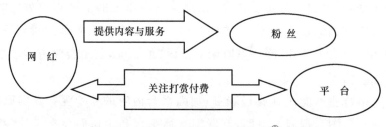

图 2　网红通过服务变现的流程③

秩序是任何行业良性运行的基础,互联网直播行业要想走得更远,必须要建立起良好的秩序。在这个信息越来越对等的时代,互联网行业的丑闻随时能够被揭露,如果任由劣币驱逐良币,网络直播终将会被市场淘汰。因此,互联网行业必须遵守新颁布的《互

---

① 以太资本. 网红经济学[M]. 北京:人民邮电出版社,2017.
② 沃尔夫. 市场或政府[M]. 谢旭,译. 北京:中国发展出版社,1994:21.
③ 以太资本. 网红经济学[M]. 北京:人民邮电出版社,2017.

联网直播服务管理规定》,对直播实施分级、分类管理,对主播和用户的行为进行监管规范。无论是互联网从业者还是平台负责人都应该超越狭隘的功利主义,站在互联网信息时代的高地上,勇于承担起自己的使命,扛起肩上的责任,这样互联网行业才能越来越有前景。

(2) 政府部门:网络监管仍需继续发力,行业监管任重道远

此次网络"伪慈善直播"事件的爆发为全社会做出了一个警示,新生行业的确需要发展空间,但也离不开适当的监管。政府监管是任性、坚强且自私的人们能够协作共生的手段,当基于自身利益并且由市场这只"看不见的手"所支配的私人行动证明是不适当的时候,政府活动的必然性便油然而生。的确,近些年来,国家对于互联网行业制定了很多规章制度进行约束规范,不难看到,国家对网络直播的监管越来越法制化。但是,我们不能否认现在骗捐、诈捐行为不断,原因之一就在于违法成本太低,根据"网络诈骗罪"的规定,数额小,没有达到2 000元的行为,尚不构成诈骗罪。这也使得很多人在金钱的诱惑下走上诈骗的道路。

网络行业要想有一片纯净的蓝天,还需要政府相关部门"亮出长剑",通过法律严惩来净化整个直播圈。此次"伪慈善直播"事件如果不是主播之间因为利益纠纷而发生内讧,"伪慈善直播"仍可能继续进行下去,这说明政府相关部门对于网络监管力度仍然不够,包括事件发生后才颁布《互联网直播服务管理规定》,表明网信办对于互联网行业的监管上确实存在缺失。这也反映了"政府失灵"现象。实际上,政府官员(官僚)在政治过程中的行为和其他人在经济领域中的行为没有本质区别,换句话说,官僚也是追求个人利益或效用最大化的经纪人。[①] 所以说,政府部门在处理公众事务时不可避免会有私心,政府部门相互之间监督也就必不可少。另外,政府相关部门以后必须要严格查处违法违规的行为,加大处罚力度,加强刚性约束和常态监管。要想遏制网络直播的乱象,政府应该从提高门槛到实施监督再到事后的惩处,每个环节都不能失守。

(3) 社会公众:网络慈善事业还能不能值得相信

自从大凉山"伪慈善直播"事件在网络上爆出后,受伤害最深的莫过于大凉山的村民和为慈善直播捐礼物的网民了。这场"伪慈善直播"把贫困当商品,把人们的善心当作商品来消费,这不仅在法律上是犯罪,在人性的道德上更是"离经叛道"。

对于大凉山的村民们来说,快手主播假装慈善团队来为他们发放救济,实际上仅仅是为了自谋私利,而且未经同意就将他们的生活状况暴露在镜头下,这对于他们而言是一种心灵上的伤害。经此事件后,大凉山的很多村民对外来人员持有一种排斥态度,他们害怕再次受骗,他们很多人都不再相信所谓的慈善公益。原本开朗的大凉山村民们因

---

① 黄新华. 公共经济学[M]. 北京:清华大学出版社,2014.

为此事而在心灵上蒙上了一层灰,他们要多久才能够打开因受骗而造成的心结,我们无从得知。大凉山的很多村民本就属于社会中的弱势群体,占有的社会资源十分有限,本应是社会各界帮扶的对象,现在却被拿来肆意消费,着实让人心疼。

对于网民来说,当得知自己辛苦赚来想要为贫苦人民献上一份爱心的钱进入了这些贪婪之人的口袋时,更多的是感到气愤和怀疑,气愤这些主播们的无耻,怀疑慈善行为的存在意义。很多网民表示,受此次"伪慈善直播"事件的影响,他们对于慈善事业没有了原来的那份热心,因为他们害怕再次被骗,他们甚至觉得"水滴捐"也有可能存在虚假性。民间慈善本应该是最好的慈善方式,靠民众的力量来造福社会是最有效的方式,奈何存在太多阻碍。

鉴于此次"伪慈善直播"事件,社会上还出现了另一种声音,声称"直播慈善"本来就是一件不值得提倡的事,认为直播加慈善本身就不可行。在他们眼中,慈善一事不应该通过网络炫耀,直播假慈善者固然可恨,可是还有很多以欣赏这些贫困者的蓬头垢面为目的来观看直播,在触动他们心灵后捐钱,不过是唤起了自身微不足道的优越感而已。他们认为,当贫穷成了商品,当怜悯被拿来消费,离直播越近只会离慈善越远。直播慈善到底应不应该存在发展尚存在争论,但是"伪慈善直播"却坚决要受到抵制,这一点毫无疑问。慈善公益是一种良好行为,但绝不能带有功利性,这是对人性的践踏,对道德底线的又一次挑战。

5. 群策群力,共同治理

"网络直播+公益慈善"作为一种新兴的慈善形式的确出现了很多问题,但也不乏有成功的案例。《时尚芭莎》创始人苏芒就曾号召百余明星通过直播募集善款,为贫困山区捐赠救护车,而且捐出的车辆可以随时通过GPS查到所在位置,是否闲置,这就是直播与慈善的完美结合。所以,慈善直播并不是不可能存在,最重要的在于怎样正确引导网络直播的发展。因此,今后的网络直播能否治理得更好,政府企业之间如何共同落实好网络治安,社会公众的网络安全意识能否再有提高,都是我们当下亟待解决的问题。

(1) 争议不断,网络治理引热议

互联网诈骗是当今社会普遍存在的一种现象,其诈骗手段、方式五花八门,让人们防不胜防,上当受骗者不计其数。针对这一问题,政府相关部门出台了一系列文件规定,对网络平台进行监督管理,网络平台也多次许诺将进一步提高网络系统自身建设,防止恶意虚假信息在网络平台出现,但就目前网络诈骗发生的频率来看收效甚微。是网络诈骗分子太狂妄还是网络平台和监管部门打击力度不够大呢? 对于此次"伪慈善直播"事件,有人认为是网络主播缺乏诚信意识,道德败坏的结果,作为公民的社会责任意识不强,对事实与价值分辨不清,在获取钱财可供选择的行为下,不考虑事后所产生的行为后果;有人则认为此次网络诈骗并不是偶然事件,而是一种必然事件,鉴于中国当前慈善事业发展的现状,慈善事业的管理确实存在很多制度纰漏,市场经济的垄断性、不透明性也增加了网络慈善事业管理的难度。新事物在发展过程中必然存在冲突,冲突是一个要素,它存在于相互作用的期望值中,冲突并非只有破坏性,它同样具有建设性。网络直播作为互联网时代下的一种新生事物,在发展过程中固然存在问题,需要群策群力,共同治理。

网络治理的确是一个大问题,也是一个大难题。对于如何维护网络治安,社会人士也是众说纷纭。中央电视台新闻中心评论员王石川认为主播不该靠满足粉丝的窥视欲、猎奇心、恶趣味而博出位,平台也应该尽到监管责任,野蛮成长毕竟难以持续,吹大的虚假繁荣最容易破裂。华图微评上则称:"直播平台和直播者实际上存在着某种利益关系,网络治理还是要靠政府相关部门亮出利剑,加强监管。"市场机制的有效性和广泛性毋庸置疑,但市场不是万能的,作用范围和能力都是有限的,市场既不会产生经济上令人满意的(效率的)效果,也不会产生社会上理想的(平等的)结果。[①] 因此,无论是网络平台还是政府机构都需要加强网络治安,在净化网络环境的同时也应该提高网民的网络安全意识,毕竟网民作为网络使用的主体,要想预防网络诈骗,提高网民安全意识是重中之重。

(2)多方努力,网络治理有妙招

对网络诈骗,首先我们要提高平台网络系统安全建设,提高网络系统自身的防御能力。现在网络诈骗在网上盛行,一个重要原因就在于网络系统内部存在漏洞。网络平台要不断更新网络技术,提高安全通信服务,不断研发新科技,增加新的防火墙和入侵监测系统。为了防止木马病毒入侵,杀毒软件和手机安全软件的标配密码管理还需要提高,一旦检测到危险信息立即查找源头,及时撤销,并上报相关部门做出处罚。另外,网络平台要树立正确的义利观,网络平台的盈利一定要来自于正规渠道。

其次,网信办等网络监管部门要切实落实好《互联网直播服务管理规定》,加强对网络平台的网络监管,设立"网上警察"实行实时监控。正如德鲁克所说:"要使服务机构把工作做好,并不需要伟大的人物,而需要的是一种制度。"政府机构必须制定好规章制度,对于网络上查出的违法违规行为加大刺激惩罚力度,尤其是网络诈骗行为,不应仅仅对诈骗钱财数额较大的做出惩罚,只要涉及诈骗行为的人员都应严惩不贷。同时对于所属网络平台也要严加处理,必要时可以取缔该平台。另外,定期对于网络监管人员进行定期培训,提高工作人员的监管能力。

最后,网民是网络使用的主体,要想预防网络诈骗,重中之重就是要提高网民们的安全防范意识。第一,向网民普及基本的预防诈骗知识以及罪犯的基本诈骗方式,提高网民们的警惕。第二,定期向网民推荐一些网民们感兴趣并且安全系数高的网站,让网民们可以安全上网。第三,网民如果不小心掉入诈骗分子的陷阱要及时报警,以防不法分子逃脱。第四,网民必须要形成正确的网络安全意识,掌握必要的网络安全技能。

---

① 沃尔夫.市场或政府[M].谢旭,译.北京:中国发展出版社,1994:17.

结 语

　　慈善公益本身是一件善举,却被人利用,成为个人谋私利的工具,慈善公益实际上是社会的第三次分配,是进一步促进社会公平的有效渠道。直播本身也应是人们分享生活乐趣,增进人与人交流的好方法。按理来说,二者的结合应该为社会创造更多的价值,但此次事件,慈善却成了一种实现个人或小集体功利目的的工具。在现代社会,善举被规模化、社会化、组织化,作为民间力量主导的慈善事业,本应成为政府调节收入分配的帮手,但现在却成了一种讽刺。我们必须反思是什么导致了这一现状?网络诈骗分子固然可恨,但社会舆论在声讨这些诈骗分子的同时,更应反思一下自己,为何就轻而易举的上当受骗?眼见不一定为实,更何况只是网络上的视频图片,网民一定要理智上网,否则就成为助长犯罪分子气焰的帮手。

　　慈善事业必须发展,网络直播也必然存在,这是社会发展的大趋势。"网络直播+公益慈善"实际上是慈善事业的一次创新。做公益事业需要影响力,而网络无疑是一种很好的传播媒介。现在我们面临的问题很明确,就是如何预防好网络诈骗,使网络慈善更加标准化、规范化。2017年9月16日至24日,中央网信办联合中央宣传部、教育部、公安部等多个部门共同举办2017年国家网络安全宣传周,提出"网络安全为人民,网络安全靠人民"的主题,着力研究如何加强网络治安管理,同年10月19日,中国互联网协会和阿里巴巴集团签署了《共同构建网络安全战略合作协议》,双方协同治理通信网络诈骗。由此看来,在多方主体共同努力下,网络治安管理指日可待。

二、案例讨论题

　　1. 运用所学的管理学知识,结合案例分析此次"伪慈善直播"事件发生的原因有哪些?

　　2. 基于所学的公共经济学理论分析,政府和市场应该怎样共同治理互联网行业,避免此类网络诈骗事件再次出现?

　　3. "网络直播+慈善公益"是否应该推行仍有争议,你认为是否应该推行,请结合所学管理学知识分析。

　　4. 运用公共管制原理,讨论分析一下政府部门应该对网络平台采取什么管制方式?

　　5. 互联网诈骗往往是社交变现或者服务变现过程中存在纰漏,请结合材料分析这两种变现方式存在哪些问题?如何导致互联网诈骗的?

共享汽车
——准公共物品的外部性及公共价值的实现

张 凯 熊 炎

一、案例正文

引言： 有关汽车的共享使用在中国并不是首创，早在20世纪40年代汽车刚刚兴起发展的初期，一群瑞士驾驶人员就在全国组织起了"自驾车合作社"，一个人在将车子用完之后就将钥匙交给下一个使用者的方式，可以说是汽车共享的雏形。1977年英国的第一个共享汽车实验在萨福克进行，其目的是让共享汽车旅行的人们可以进行经常性的联系。2000年美国人罗宾·蔡斯(Robin Chase)开始创建分时租车的鼻祖Zipcar，但最终难逃被收购的命运。2008年，全球最大的商用车制造商戴姆勒集团推出了共享汽车项目Car2go。2011年，国际汽车租赁公司安飞士(AVIS)在中国第一次推出了分时租赁汽车的业务模式，此后一大批本土的分时租赁平台也加入到了分时租赁的市场大军中，但一直不温不火。虽然说，共享汽车的理念和实际运行已经在美国和欧洲国家历经了十余年，有了充足的发展经验，但一直很难成为人们出行的主流方式。直到最近几年，中国互联网和移动支付的发展使得共享经济这个字眼重新开始进入我们的视野，分时租赁的共享汽车在中国也重新焕发活力。这种出行方式不仅省去了传统汽车租赁的人力时间成本和复杂烦琐的借车还车流程而且还能保证长途出行的需求，一时间在中国各种品牌的共享汽车进入市场，原先老牌的汽车租赁公司也看到汽车共享的商机，转变经营方式进入到这块市场的"处女地"。共享汽车的产业发展愈发红火的市场预期以及互联网发展下催生的共享理念浪潮，使得越来越多的私人部门开始进入到这种看似光明的行业中。作为具有完全排他性和无竞争性的准公共产品来讲，共享汽车的发展给用户在出行的选择上提供了更多的选择，也因其特殊的优势被越来越多的用户所青睐喜爱，市场的用户群体庞大。对于政府来讲，一方面，通过提供公共产品来解决出行问题的操作难度太大且不经济，所以乐于共享汽车这种准公共产品的发展来帮助解决社会交通的"头疼问题"，但另一方面，政府出于维护市场发展、保护用户利益和社会稳定以及实现最大公共价值的角度又在监管上承担了更大更重的任务，一旦处理不好就很容易将原本利民便民的准公共物品变成一颗随时可以引爆的"共享炸弹"。

如何解决私人所提供的准公共物品出现的各种"负外部性",强化其"正外部性",进而实现最大的公共价值,是政府在共享汽车市场发展初期所要积极考虑的问题。

随着我国在互联网产业上展现出越来越明显的后发优势,网上购物、移动支付等开始成为我们生活中必不可少的关键存在,直接跳过烦琐的信用卡时代进入了手机支付的中国人开始不断地运用互联网改变着我们周边的事务,原先一些难以解决的社会问题在互联网和智能手机双管齐下的结合中开始变得容易起来。

出行困难一直是困扰着中国人的一个难题。随着大城市的人越来越集中,发展的不均衡性引发了诸多的问题,道路拥挤、汽车尾气引起环境问题、停车资源赶不上私家车的增长数量以及公共交通建设成本高和承载能力有限等问题一个个的出现在我们面前。对这些"城市病"的解决一直是社会持续讨论的热点议题,也成了各个城市管理者最为头痛的问题,发展公共交通已经难以解决根本性问题急需要新的出行方式来弥补。

2015年7月4日,国务院印发了《国务院关于积极推进"互联网＋"行动的指导意见》,围绕着"互联网＋"以及移动支付的发展如何改变人们出行方式成了社会创业的新热点、新潮流驱动。共享出行的方式逐渐地开始出现在我们的生活中,Uber、嘀嘀打车等软件为代表的网约车着力于打车难、打车贵的问题;摩拜单车、ofo共享单车等各式各样的共享单车开始成千上万辆地出现在我们的街头,解决人们绿色出行的最后一公里。在这种大众创业、万众创新的思维指导下,作为前两种"互联网产品"的发展借鉴和满足人们驾驶需求的共享汽车也在2016年出现在城市的街边,与网约车相同的业务模式以及与共享单车相同的使用方式让共享汽车开始受到不一样的关注,人们对于这种既带有传统汽车租赁方式又带有互联网使用体验的"新产品"青睐有加,市场也在不断地发展壮大。

与此同时,新兴产业的问题也是层出不穷,其外部性的表现尤其明显,作为准公共产品的行业提供,尤其是私人提供的准公共物品在如何监管和处理相关问题才能实现最大的公共价值,政府作为最大的监管和强力机构都需要进行小心细致的处理。

1. 共享汽车在中国的发展历程及现状

汽车在中国人的心目中总是带有很复杂情感的东西,一方面,人们的生活离不开汽车,无论是作为当下中国人"婚嫁三大件"之一的重要地位还是人们长距离出行的实际需求和实际驾驶体验,如果离开汽车的使用,公共交通的发展是很难满足所有人的愿望;另一方面,随着改革开放四十年的发展,中国经济的腾飞也直接带动了汽车的消费,原先的道路规划以及现实中道路交通基础建设的发展速度虽然日新月异,但仍然远远满足不了人们驾驶出行的需求,汽车的数量在中国仿佛雨后春笋般出现了爆发式的增长,由此带来的交通拥堵缓慢、城市中汽车尾气的污染与仍在不断增长的车辆形成了恶性循环,社会对此怨言犹多,政府虽然鼓励公共出行并大力兴建地铁、公交线路但对于不断增长的城市人口来讲仍然难以满足人们实际的出行需求。

作为私家车出行和公交出行的有力补充,自20世纪80年代以来出现的出租车一直是政府为解决公共出行所大力提倡的一种公共出行方式,曾经红极一时的出租车目前却被市场越来越边缘化,打车难的问题是苦恼中国人的出租车难题。在人流量大的地方往往很难打到出租车,虽然出租车的数量逐年递增,从最初的城市中的几千辆到几万辆,但是仍然难以满足人们出行的需求,加大了人们出行的时间成本。

面对中国人在交通出行上的问题,汽车出行市场化的机制以及政府"有形的手"进行管控都陷入了无招可用只能任其发展,集中解决不断涌现出问题的处境中,而对于根源性的问题,政府和市场作为资源配置的重要手段都缺乏一种承载机制或解决的出发点。一方面市场对于出租车和租车行业的竞争和发展进行自发的调节,另一方面政府在出台限行、限号鼓励公共出行的政策宣传以及加强基础道路建设。两大机制虽然对于人们的出行减轻了不少压力,但人们仍然希望出现一种替代出行的解决机制。

时间进入2013年,随着手机智能终端的普及化以及移动互联网的发展,人们对这一问题的解决似乎出现了曙光。市场出现了第一批选择互联网出行的试水者,"互联网+"的思维引导下人们不再局限于出行的移动支付,出租车市场开始改变原先的"寻找乘车者"的模式,这种模式下需求和供给所展现出的市场不匹配已经被社会吐槽了很多年,终于在移动终端普及化的今天市场做出了改变。"手机打车软件"这种移动互联网的创新应用引起了市场的巨大冲击和发展期望,"手机约车、定点接客、全民司机、移动支付"的新型打车方式不但激活了原先已经被边缘化的出租车市场,而且带动了原本属于"黑车"范围的私家车接客模式的转型升级。人们通过手机终端可以随时随地的进行打车预约出行,时间上的等待成本和困难被互联网撕开了一道口子,市场一下子活跃了起来。Uber、滴滴打车等互联网创新公司深度的与互联网进行融合,用户只需要在App内进行注册、输入地址、选择车辆型号便可以发出指令等待附近车辆接单,加上内置的用户评价等体系应用使得这类打车软件在这块共享互联网的试验田尝到了共享经济的"甜头"。随后在打车软件逐渐成熟的几年里,互联网思维对于出行方式的转变以及调控整个公共出行压力方面的不俗表现,逐渐受到政府的重视并相继出台法规进行市场规范使得中国共享经济开始逐渐成熟,人们也越来越信赖共享出行。加上中国经济开始进入转型升级的新常态,国家对于服务业的发展需求以及市场的庞大内需推动成了越来越多互联网涉足共享出行方式的驱动因素。

2016年,共享单车成了继网约车之后的第二个共享出行"吃螃蟹"的"人"。在我国20世纪70年代末到新世纪初的二十多年中,经济的改革开放以及庞大人口基数的出行解决在很大程度上依赖于自行车,从那时起我国也被外界称为"自行车的王国",自行车的使用在人们的出行选择上占据了优先选项,自行车的保有量也一直位居世界第一。但随着新世纪经济腾飞对于长距离出行的需求使人们逐渐放弃了自行车转而将目光投向小汽车,私家车的增多也就使得道路拥堵和环境污染等问题开始显现,到了最近的几年成了社会的重点关注问题。早在2007年,为解决市民短途出行的需求,减少小汽车使用以及发展绿色经济的政策指引下,政府便开始了在自行车使用上进行尝试,鼓励发展各地政府设立有桩停车式的公共自行车,并截止到2017年4月已经有200多个城市建立了公共自行车系统,累计投入自行车80万辆以上,但政府的尝试并不被民众普遍接受,原因在于这些公共自行车分布网点不均衡与自身的实际用车还车需求难以匹配,因此虽然政府加大鼓励宣传力度但实际的使用体验并不好。随着网约车市场的规范化发展以及党的十八届三中全会以后倡导绿色出行的"创新、协调、绿色、开放、共享"的发展理念,"最后一公里"重新成了新的出行关键词。以摩拜单车、ofo共享单车为主要代表的互联网企业开始布局自行车的共享市场,随取随停的使用方式以及App注册支付的使用方式大大方便了人们的使用,只需要手机下载App并根据要求注册交纳相应费用便可以扫码骑走,用完落锁自动扣费的便捷程度相较于政府公共自行车也更具有吸引力,因此共享单车开始以千万计的数量出现的城市的大街小巷,随时随地可以看到人们骑着各种品牌的共享单车出行,仿佛让中国重新回到了"自行车王国"的时代。

在网约车和共享单车出现在中国人的生活不久之后,人们突然发现互联网的强大已经渗透到我们生活的方方面面,对于传统的市场而言也开始探索自己如何能够在共享经济的时代里运用互联网重新焕发生机。汽车租赁服务在2017年开始发力,成为共享汽车发展的新阶段。对于汽车租赁的发展在我国其实已经不短,在2000年左右我国的汽车租赁市场就已经开始进行发展布局,只不过受限于技术条件和整个市场的限制并没有成为人们普遍出行的选择,神州租车、一嗨租车等租车企业的经营一直不温不火的发展,其首要的客户对象针对长途出差和旅游的商务人士、团体,对于一般民众的出行所涉及的就显得微乎其微了。因此如何将汽车租赁与共享经济相挂钩成为新的创新型互联网公司的涉足地。智能手机的应用在这里面扮演了举足轻重的连接作用,从网约车和共享单车的发展中吸取管理发展经验是共享汽车走向普通民众的重要一环。这种形式的共享汽车有别于传统的汽车租赁方式,更像是一种网约车和共享单车的结合体。人们下载共享汽车公司所提供的手机App、实名注册(用户上传手持身份证或教师证)、信息审核、交纳规定的押金和绑定支付账户后就可以自行开锁所选择的共享汽车,进行独立的驾驶出行,极大地方便了人们的租车和自驾需求。各种原有的租赁汽车公司和新加入者纷纷在规定区域进行投放,用以满足人们的用车需求。作为使用权和所有权分离的汽车共享使用,类似于短时租车的使用,共享汽车与共享单车一样是由所属公司进行统一的协调调度车辆,并由公司负责车辆的保险和停放、协调处理相关问题并提供实时服务的一种简便出行方式,不仅可以帮助消费者减少在交通出行上的支出和时间成本,而且可以简化交通压力、空气污染和公路磨损,特别是新能源的共享汽车能够帮助降低人们对于能源的依赖性,发展前景极为广阔。

目前,Car2go、Car2Share、TOGO(途歌)、盼达用车、GoFun 出行等一大批共享汽车从业者开始发力共享汽车市场,市场模式探索和政府监管体系初步形成了格局。分时租赁的发展模式成为共享汽车的主要探索方向,按照出行公里数计费与时间分钟数计费的方式并行是一般共享汽车公司的主要盈利方式,与网约车和共享单车一样在共享汽车的使用上各公司也给予很大的优惠力度,如零起步费、发放优惠券、推陈出新的使用服务以及多样化车型的选择都成了吸引消费者的重要因素。以 GoFun 共享汽车为例,GoFun 公司以新能源电动汽车为主要的共享汽车提供品牌,其旗下的共享汽车包含有两座的奇瑞小蚂蚁和四座的奇瑞 eQ 两种车型。不同公司的车型不一,这也为消费者提供了更多的消费选择。

2. 共享汽车发展的充分基础

(1) 智能支付终端和互联网深度发展

2008 年以来智能手机的出现和发展,各种各样的 App 软件成为中国人日常生活中必不可少的乐趣所在,人们透过这块小小的终端屏幕将自己的社交和生活浓缩进各种交互软件中,世界被逐渐拉成一个包含在互联网中的平面村。受益于移动互联网和网络经济日新月异,涌现出了众多的衍生产品,网上购物、移动支付、互联网金融以及共享经济的发展全部依托于这块小小的手机屏幕终端,人们越来越离不开手机所带给我们的便捷性。

截至到 2017 年上半年,根据工信部给出的数据显示,目前我国手机上网用户已经突破了 11 亿,其中智能手机用户数量到 2017 年 6 月为止已经达到了 6.55 亿人的规模,相较于 2016 年整体增长 1.87%,稳居世界智能手机市场第一的位置。4G 用户同样也保持稳步增长,总数已经达到了 8.88 亿,占据整个移动电话用户的 65.1%。

庞大的智能手机用户群体和移动互联网使用人数使得中国共享经济的潜在用户群体十分庞大,只要有 10% 的人能够成为共享汽车的使用用户,那么这个市场规模也是极为巨大的。因此对于共享汽车的发展来讲有足够的市场才能够有着深度的发展,中国庞大的智能手机使用者的,出行是一块巨大的市场蛋糕。

移动支付的发展为共享汽车的资本回收提供了坚实的基础。根据《2017 年中国移动支付行业市场前景研究报告(简版)》中指出,2016 年网上支付交易规模达到了 2 085 万亿元,相较于 2015 年增长了 3.3%;2016 年移动支付的规模达到了 157.6 万亿元,相较于 2015 年增长了 45.6%,超过了全年全国的 GDP 总量。其中支付宝和财付通(微信和 QQ 钱包)使用人数占据了整个移动支付的 94.1%,形成了两强对峙的局面。庞大的移动支付资金流对于共享汽车来讲在资金上的回收是一个绝对的保障,除去银行卡的烦琐交易程序,移动支付保证了整个共享汽车行业的资金能够及时回收,以便用于整个公司发展前景的布局,为共享汽车行业的扩展打下了强心针。

(2) 中国机动车驾驶证人数庞大

使用共享汽车虽然与共享单车的使用流程大致相同,但由于汽车是一种由国家严格进行交通规制的出行工具,因此在共享汽车的用户甄选上也更加的严格。用户在注册使用任何一家共享汽车公司的产品时,都要按照规定上传手持身份证件以及机动车驾驶证的照片,用来进行用户驾驶的资质审查,避免没有驾驶资质的用户在使用共享汽车时无证驾驶而导致交通事故的概率大大增加。也正是由于汽车使用上的特殊性,所以其用户群体也就被限制在那些拥有机动车驾驶证的人群身上,这部分人的多寡和构成状况直接决定了共享汽车市场的大小以及未来的发展前景。

根据公安部交管局在 2016 年 9 月公布的数据,中国有 3.5 亿人持有机动车驾驶证,稳居世界第一,而私家车保有量为 1.4 亿辆。据此计算,高达 2 亿的机动车驾驶证持有者有自驾需求却没有车。渤海证券预测,共享汽车市场整体规模会在 150 亿元至 200 亿元左右,市场空间巨大。

随着经济的不断发展,机动车驾驶证和身份证一样逐渐成了人们在生活中必不可少的证件,无论是否在目前能够购买属于自己的私家车或者出于出行的以备不时之需的想法,越来越多的人将驾驶证看作是必不可少的证件。目前整个中国的驾驶人数始终处于不断地增长状态,这也就为共享汽车的发展前景奠定基础和发展力量。

在机动车驾驶证取得的年龄结构分布上年龄跨度不断增大,15% 的在校大学生在校期间取得机动车驾驶证,超过 50% 的大学生在毕业之前可以取得机动车驾驶证;另外中国女性驾驶人数比例快速得到提高,从十年前的 300 万人增长到 2017 年的 6 059 万人,增长了 20 倍,比男性同期增长的 7.4% 高出不少;51~60 岁年龄段的老年人群体取得机动车驾驶证的增长速度出现了"井喷式"的发展,人数从十年前的不足 10 万人猛增到 393 万人,增长超过 38 倍。

由数据来看,整个拥有机动车驾驶证的人群以青年人居多,这些人的消费潜力巨大并且勇于尝试新事物,对于共享单车和网约车的使用较为频繁,对共享汽车的发展大多持乐观态度,对共享汽车的发展初期阶段能够起到一个推动作用。老年人短途出行的消费需求在近些年也爆发性的增长,接送孩子上学、买菜做饭、平时购物等都可能会用到共享汽车,这也是共享汽车企业一个很重要的赢利点,也这部分人群的增长态势最为明显。

足够的消费人群和潜在的利益增长点对于共享汽车的发展是很重要的利好消息,对于维持市场信心和投资人的意愿起到了十分重要的作用。

(3) 国家鼓励新能源汽车发展

我国当前的私家车数量突破了 1.4 亿辆,绝大多数都是汽油车或柴油车,如此庞大的私家车保有量对于我国面临的交通拥堵压力和环境尾气污染压力是一个不小的挑战,而且我国的小汽车需求依然旺盛,但相对接近 4 亿的机动车驾驶证拥有人数来讲仍显得非常不足。人们对于私家车的需求与国家出于环境治理和交通疏导的压力形成了直接的矛盾对撞。

国家出于对市场用车庞大需求和环境压力的因素下,一方面对于购买燃油车的购置税进行加大征收力度,减少公民的购买欲望,但这治标不治本,因为市场出行用车是一个刚性需求,国家也不可能完全禁止公民进行购买,所以只能用政策性因素减少燃油车的购买。另一方面,国家鼓励发展新能源汽车,以电能和清洁能源为主要动力的新能源汽车,因其不产生环境污染以及体积小对交通影响也可以起到减弱作用,所以国家鼓励公民进行新能源汽车的购买,并在购买时会给予相应的补贴。

我国从 2009 年到 2015 年期间,从国务院、科技部、发改委、工信部、交通部、国税局再到各个交通压力显著的城市政府都直接或间接的制定了相应的推动新能源汽车发展的政策,助力新能源汽车"弯道超车"污染严重的燃油车。并在 2014 年期间进入集中的政策发布期,在购买补贴、公务汽车更新换代、充电桩基础设施的建设以及车辆购置税等诸多方面制定了一系列的有利于新能源汽车的发展政策。在发展新能源汽车的问题上,国务院提出要破除地方保护,执行统一的新能源汽车标准,并发布了《节能与新能源汽车示范推广应用工程推荐车型目录》,从国家层面对具体的车辆企业进行补贴支持。

有数据统计显示,目前我国共有超过 40 家实力较强的共享汽车分时租赁公司,车辆总数超过了 4 万辆,其中 95% 以上是新能源汽车。各家共享汽车公司都将目光锁定在新能源汽车这个国家鼓励发展的政策市场上,对于对接国家的新能源汽车政策起到了十分重要的作用。另外,共享汽车的使用模式是"一辆汽车、分时租赁",平均 1 辆共享汽车可以满足 6 个人的出行需求,在分时租赁的使用方式下极大地满足了用户的短途出行需求和极大地激发了共享汽车的使用效率。这对于国家来讲既满足了环境治理的需要又间接的舒缓了交通拥堵压力,是一个可以同时解决国家对于汽车治理两大难题的绝妙方案。每个人都可以使用共享汽车满足自己的出行需求,但社会汽车总保有量得到有效的控制、交通和环境问题也得到进一步的解决、新能源汽车的应用推广变得更加快捷,这对于整个社会的综合治理起到巨大的推进作用。

3. 共享汽车"正外部性"促进其合理化发展

(1) 私家车出行限号政策规制以及购买车辆摇号难问题

为了缓解交通拥堵以及治理因汽车尾气而导致的空气污染问题,自 2008 年北京奥运会开始,为了保证奥运会期间的交通畅通而开始施行汽车的限号政策,之后演变成一个长期政策。除北京市以外很多的旅游城市和省会城市都相继出台了本地的限号政策。这项政策除了警车、消防车、救护车、工程救险车以及公共车辆等以外其他机动车,须严格执行在特定的日期、时段和具体的道路上按照汽车尾号和牌照属性进行限制驾驶出行的规定,对于违反者将按照相应的政策法规予以不同程度的处罚。各地的有关限号政策不尽相同但主要目的还是缓解交通拥堵压力和改善空气质量,但一般城市对于新能源车的限号政策较为宽松,这也为共享汽车的发展奠定了好的基础。

北京市政府自 2011 年起鉴于北京市交通拥堵的严重情况,开始对购买汽车的公民进行摇号的方式从而限制汽车的增加,此后许多交通拥堵的城市也纷纷进行效仿以减少本地区汽车的数量,这项政策其实是对汽车限号的一个辅助政策。公民要想买车需要先进行报名预约排队,再统一参加摇号,政府安排摇号指标,由电脑进行随机的分配。这在如北京一样拥堵的城市中无形增加了购车的难度,因为参与购车摇号的人数远远多于政府所分配的指标,有些人可能一辈子都不能摇上一个号码。政府一方面压缩燃油车的摇号指标,另一方面对于新能源汽车的摇号政策却极为宽松。有些地方明确新能源汽车可以获得新能源牌照并不受限号限制,这也是国家推广新能源汽车的一个重要组成部分。

基于大城市对私家车的限行政策和购买汽车的摇号政策来看,人们对于汽车购买的欲望被行政的力量大大的压缩了,但人们内心对于汽车的实际使用欲望却因为政府的相关政策反而被大大地激发了。人们纷纷寻找应对举措,应对限行政策,人们开始进行拼车,即在自己车辆不限号的日子里接送其他人上下班或出行;在难以摇号的城市中的人们只能去相邻的省市购买外地牌照的汽车进行使用,虽然不太方便但至少解决了自己紧急事态下的用车需求,不至于面对突发状况时无车可用。网约车的发展在一定程度上解决了人们出行的问题,但并没有解决人们对于驾驶乐趣的替代,自驾游的乐趣只能寄希望于烦琐程序的租车,这极大地加大了人们的用车成本和实际出行体验。

共享汽车的出现似乎是极大地解决了这些问题,作为新能源汽车和公司营运的分时租赁短包或长包公司,其几乎不受限号限行的相关政策限制。随时能够使用的性质有点像共享单车的使用,却又具备了网约车一样长距离出行的需求;时间上的自主性把握也更加游刃有余。这些特性表明共享汽车在当前的城市特别是大城市发展的意义和存在的价值,对于整个社会出行所具有的意义也是不言而喻的。

(2) 公共出行的有效补充

随着我国这些年城市化进程的不断加快,越来越多的农村人口涌入城市,在 2015 年前后城镇居民人口逐渐超越了农村人口,城市的不断扩张难以满足越来越多的居民出行的实际需求,城市的交通拥堵问题更加尖锐,环境治理也更加困难,空气污染也变成了一个让政府和民众都倍感头疼的问题,这样严重影响了城市的可持续性发展。

为了保证让更多的居民可以更方便的出行,许多城市都在为推动公共出行和进行公共交通建设做着不懈的努力,其中不乏有一些大胆地创新规划和想法的提出,如巴士铁路、空中铁路等公共交通系统地试运行都是在公共系统内部的创新,为了满足人们日益增大的出行所做的积极努力。政府大力推动公交系统建设,一方面可以加大乘客的运载量满足人们的出行需求,另一方面公共交通占地面积小,能源消耗以及安全性要比其他出行方式更好,并且在政府的有效管控下通过技术手段可以更好地进行资源配置。

但是受到政府财政体制、运营体制、管理规划水平以及具体道路状况等诸多因素的制约使得城市公共交通的发展并不容易,在短时间内很难保证所有的出行需求都可以被满足,甚至在目前阶段都难以满足部分的出行需求。在规划工作上面临滞后性,不能很好地协调出租车、公交车、轨道交通等各类公共交通工具发挥协同作用,基础设施的建设也相对不足、公交线路覆盖不均衡、运力系统结构也出现了不同的失衡状态、法律规范和政策支撑体系不完备以及财政制度约束下补贴不到位使公共交通方式只能顺应市场而不能满足偏远地方的运力需求等等,都是公共出行所面临的巨大障碍,也决定了公共出行方式无法独自完成对于城市交通的出行改造,必须借用市场和互联网经济衍生下的共享出行作为强有力的补充,才能在一定程度上来满足人们的出行。

网约车、共享单车、共享汽车等共享经济所衍生的"交通工具"在满足人们出行需求的同时也在一定程度上分担了公共交通的承载压力,使得公共交通可以进行更合理的规划设计以及进行一定程度上的改革发展。健全目前的政策制定和财政保障,论证公共出行的方式并进行大胆的创新实践,并最终能够与共享经济进行有效的衔接,使得整个出行效率大大加强。共享汽车在其中扮演的角色尤为重要,城市出行特别是进行购物和游玩居多时,普通的共享单车难以满足运力方面的需求,网约车在一定程度上有一部分是属于整个城市公共交通系统的,受限于政府对于整个公共出行系统的规划政策。所以对共享汽车的推广使用对于市民的出行是一个重要的补充,具备私家车样式的共享汽车由于其使用流程简单和富有效率可以从各个方面更好地契合用户的实际出行需求。

(3) 用户存在的实际需求

"开别人的车去做自己的事"是市场消费者对于近期出现在各大城市街边的共享汽车的实际使用体验,"别人的车"就是指由共享汽车公司所推向市场的共享汽车,"做自己的事"就是指消费者在使用上与私家车基本没什么区别了,整个的使用体验大大减少了很多的令消费者头疼的中间环节。

在城市中生活的白领阶层是共享汽车投入市场以来最为热衷使用的一类消费者。这些人往往有着强烈的私家车使用需求意愿,而城市中的购车限制以及私家车管理问题等因素使得他们对共享汽车的实际使用需求也极为旺盛,共享汽车的使用不仅满足了其日常上下班以及出行的需求,并且在一定程度上减少了城市对于私家车的管控所给自己带来的一些不必要成本。

在北京从事白领工作的34岁姚小姐,受限于北京自2016年下半年开始治理雾霾的政策影响,在全市的机动车管理上政府采取了更为严格的单双号限行政策,这对于上班族姚小姐来讲在出行上造成了极大困扰,限行的时候只能选择拼车或网约车进行出行。但自从听说共享汽车落户北京以后便决定开始使用共享汽车作为替代出行的方式,姚小姐在"随借随还"的吸引下下载了一款名为"TOGO(途歌)"的共享汽车App,找到该公司的smart车型共享汽车之后,通过注册、提交身份证、驾照审核和缴纳1 500元押金之后,通过蓝牙解锁便成功的使用了该公司的共享汽车服务。姚小姐用车1小时44分钟,累计里程26.6公里,车费合计66.48元,使用该公司的20元优惠券之后实际支付44.48

元,并在锁车归还后不久通过手机智能终端收到了车辆被下一个使用者开走的系统提示。对于姚小姐这样的上班族白领来讲,将共享汽车作为私家车出行的替代方式相比打车和拼车的出行更为高效和令人满意,即时的短程分期租赁模式以及小巧的车型也很容易得到消费者的青睐,相较于高峰出行打车被加价的不愉快经历来讲,共享汽车的使用使得用户的自主权也在最大程度上被加以保护。

除了城市中生活的白领阶层之外,在校大学生群体以及出差旅行的人群也是共享汽车公司努力争取和培育的市场,这些人具备的实际需求和潜在的利益增长点都成为各大共享汽车公司的布局市场,这块新兴市场的发展对于他们来讲也从观望中逐渐的开始进行参与。

4. 共享汽车的"技术改良"增强"正外部性"

(1) 技术上的创新应用

随着当下互联网技术的深度发展,许多以前从未听说过的名词逐渐成为我们生活中必不可少并从中受益的新应用、新技术。AI(Artificial Intelligence 人工智能)、AR(Augmented Reality 增强现实技术)、大数据、物联网、人脸识别等极大地丰富便捷了我们的生活,我们逐渐地发现生活已经离不开这些互联网新技术,许多创新公司也在产品上力图与这些新技术进行绑定融合,以求提升自身的消费特色并对消费者提供更好的使用体验,这其中就有许多的共享汽车公司看到了市场需求,并在技术上进行了升级发展。

人脸识别助力共享汽车安全。2017年4月,四川省成都市一名刚刚毕业的大学生在使用共享汽车时发生交通事故,造成了一死一伤的重大恶性交通事故,而该名大学生是在自己的驾驶证被扣完12分的情况下借用朋友的共享汽车账号进行使用的。虽然有着共享汽车实名制以及驾驶证件审核的保护机制,但账号借用这样的事情却并不能被有效地制止,这也成为共享汽车潜在被社会诟病的问题。为了杜绝这类事件的发生,GoFun出行公司率先做出了技术改造,并与4月之后在北京、佛山等地启用使用共享汽车前的"人脸识别"步骤,使得账号实名制与汽车的实际使用者确保一致,减少这类事故的发生概率。此外对于身份证的复查核验、驾驶过程中疲劳监测、危险驾驶行为记录和车况自动评估等技术也已经取得了重大进展并陆续地进入使用,等所有技术调试完成后对于交通事故的防范和减少也会起到一个重要的预防作用。

大数据和物联网保证用户的用车便捷。为保证用户能够在想要使用共享汽车时能够对共享汽车找得到、少走冤枉路,TOGO(途歌)汽车公司探索大数据和物联网与共享汽车的结合,用户在想要使用共享汽车时可以对共享汽车进行 LBS(Locaticm Based Services)定位和对车辆的提前预约,这让人们在实际使用时不再靠碰运气来找到共享汽车,并在使用之后利用手机就可以对车进行锁定,防止忘记关车门等事情的发生。虽然,这样的技术在共享单车上已经普及化了,但对于共享汽车这样的"大块头"来讲其实现的意义更大,在保障用户出行使用上的帮助也非常明显,这也显示了共享汽车公司扎根市场、深度发展的决心,无论是对公司、用户还是市场来讲都具有重要意义。

(2) 服务上的创新

共享汽车虽然是互联网共享经济下作为新兴事物而存在的,但追根究底它还是一种服务业的延伸,其主要的使用对象是具有社会流动性的个人或团体,而且面对的服务对象具有极大的差别性,因此做好保障服务对于共享汽车公司的发展也是一个继续进行探究的方向。

"不计免责"条款的保障。GoFun 公司针对用户在使用中出现的一系列交通事件所进行的"免责"尝试,主要是在一定程度上帮助用户减少不必要的损失和纠纷。用户只需要在使用该公司的共享汽车时,选择多支持 10 元的"保障金",如果发生事故,1 500 元以下的车辆损失无须用户承担,高于 1 500 元的部分根据实际情况进行部分的赔付。

信用机制形成良好的使用习惯。信用的培育养成对于共享汽车公司和用户来讲都是双重利好的,一方面共享汽车公司减少了不必要的维修和处理机制的支出,另一方面用户也可以获得更好的服务。轻享出行汽车公司是将自己所运行的共享汽车使用过程中与支付宝的芝麻信用进行绑定,具有良好金融支付习惯的用户成为该公司的"特殊"客户,规定芝麻信用在 700 分以上的用户可以免押金租车,并对信用好的用户有一些具体的优惠政策。共享汽车公司与金融信用评分体系的结合更加人性化,减少了用户的使用成本。

5. 共享汽车"负外部性"发展矛盾日益尖锐

(1) 共享汽车诚信呈现"大乱斗"式的无序发展

共享汽车继网约车和共享单车之后成为共享经济的又一块"试验田",共享汽车与互联网的深度融合发展使得共享汽车用户规模在极短的时间内"暴增",因此越来越多的汽车公司纷纷涉足这一潜在市场,一时间百舸争流。

根据有关网站的相关统计数据显示,有关共享汽车的 App 数量多达 75 家以上,并出现持续的增长,市场的竞争态势也日趋白热化。TOGO(途歌)、mocar 共享汽车、EVCARD、GoFun 出行等成为生活中常见的共享汽车品牌。在全国各地出现的共享汽车越来越多,截至到 2017 年 8 月,已经有超过 4 200 辆共享汽车投放在广州市,这些共享汽车分别属于 30 余家不同的共享汽车公司,而截至到 2018 年 3 月,在北京也有超过 200 家企业布局共享汽车行业。

不断增长的共享汽车数量分别属于不同的共享汽车公司,相互之间的利益关系复杂多变并且相互交织。这些共享汽车公司各自只在城市的几块单独区域内进行共享汽车的服务提供,用户在使用中经常要下载注册多个共享汽车 App,并需要在不同的 App 内支付押金、充值和注册等烦琐流程,增加用户的时间成本以及资金压力。而且当用户到另一个城市或地域时就要重新下载 App,因为用户之间使用的共享汽车 App 并不能在该城市中进行使用。

各大共享汽车公司目前这种类似于"大乱斗"的无序发展,既降低了用户的使用意愿也给用户造成了实际的使用困惑。而且就市场初期发展来看,可预见一段时间内这种混乱还将在共享汽车市场中持续存在。

(2) 交通拥堵加剧,安全隐患不可小觑

共享汽车也是汽车的属性,它虽然是共享经济时代的产物但仍然造成城市交通在短时期内的拥堵问题。由于各个城市的道路资源都是有限的,每增加一辆共享汽车都无疑加大了对城市道路资源的占用,特别是共享汽车使用频繁,它不像私家车一样能够长时间停车从而减少一天中的使用所造成的道路资源占用。各大城市为了解决道路拥堵问题都不同程度地对汽车进行"限号""限行",收取高额的停车管理费、道路保养费用。虽然目前政策下鼓励公共汽车的使用在长期来看有利于舒缓整个交通压力,但是就当前来看由于政策的鼓励措施,对于共享汽车特别是共享新能源汽车的号牌发放等都极为宽松,共享汽车市场的准入机制低,这些因素都会在短时间内增大社会实际汽车保有量,对于交通状况来讲面临的压力也十分严峻。

共享汽车是一种所有权和使用权相分离的汽车租赁行业在互联网行业的延伸,作为租赁汽车的管理向来是一个非常棘手的问题,这对于共享汽车来讲尤为严重。在抢占市场用户的初期,很多共享汽车公司将融资资金过多的用于共享汽车在市场的投放,对于由此产生的道路安全问题只是做到了制度性的"准"保障,而对实际发生的问题缺乏有效的处理机制,用户在使用共享汽车发生事故时往往难以得到有效帮助。其中面临管理的困难是一方面,但更多的还是由于市场初期发展"畸形"而疏于管理造成的。

2017年4月,西安市的田先生在使用共享汽车时,行驶到西安市丈八东路与唐延南路十字路口准备停车时与一辆转弯的出租车相撞,造成了双方汽车不同程度的受损。按照交警的处理规定,由于未造成重大交通事故可以走快速理赔,但由于田先生所驾驶的GoFun共享汽车所交纳强制险的地方并不在西安市,因此无法进行快速理赔的田先生只能等待交警出具事故责任认定书,在这期间由于共享汽车无法关闭而导致持续性的计费。在询问该公司客服时出现了长时间的占线和无人接听状态,多方联系后该公司也只是要求田先生自行处理无法进行实地帮助,这让田先生对共享汽车市场的发展感到不信任。

同样出现在2017年的8月,刚刚拿到驾驶证两年的大三在校生陆某驾驶共享汽车在行驶过程中与私家车相撞并迅速逃逸,警方找到后对其进行行政拘留10天的决定并责令赔偿,但陆某以没钱赔偿为由拒绝,私家车主张先生无奈找到共享汽车公司寻求赔偿,共享汽车公司也迟迟拿不出解决方案。最后,张先生无奈只能将陆某和他所驾驶的共享汽车公司告上了法院。

用户使用的不规范、共享汽车疏于管理以及处理机制的不完善都表明共享汽车在市场初期的发展仍然存在重大的安全隐患。

(3) 一车难求,服务点少且不规范

共享汽车已经在许多大城市投放使用,确实给用户在驾驶体验和实际生活中带来了许多新变化,共享汽车公司也做出了许多重大的创新改变,使用户方便的用车。大多数共享汽车公司在App中都添加了"寻车"功能,帮助用户准确定位周围车辆,并推出"预约取车"功能,使用户在发现共享汽车后能够在规定的时间内取到车,少走冤枉路。目前共享汽车的投放点大多位于公交地铁站口、大型车站附近以及城市大学城等人口流动性大或人口密集的地区,但由于整个人口基数大,用车的需求广,而共享汽车在市场初期对汽车的大规模投放会使得公司面临巨大的资金压力。所以整体来讲城市中的共享汽车数量明显不足,最高在4 000辆左右,难以满足用户的实际用车。

"附近没有共享汽车""找到共享汽车需要骑着共享单车赶过去""汽车停在收费停车位需要支付停车费才能使用""汽车电量不足"等抱怨已经成为用户在实际使用中最多的吐槽点。而一般共享汽车都是在特定的区域内才提供取车和停车服务,用户在超出这个区域后很难找到规定的服务网点,对于不在规定区域内的停车要额外的进行收费。

(4) 对城市管理依赖性极强

共享汽车作为城市便捷出行的"准公共产品",其发展和维护单靠共享汽车公司自己和市场调节显然微乎其微,更重要的是整个出行系统都深度依赖于所在城市的基础保障力度。无论是在能源保障、交通保障、安全保障还是在整个行政规范上都深度依赖于城市的管理,可以说离开了城市保障,共享汽车将寸步难行。

发放汽车牌照、道路使用以及停车难等问题都需要行政帮助。因此与政府打交道以及维持一个良好关系是一个非常关键的问题,如何与政府行政部门进行探讨共享汽车的发展、政府制定的相关法规如何规定共享汽车的发展、对于共享汽车的牌照发放办法以及能否开辟专门的停车区域等都深度依赖于行政的力量,否则共享汽车面临问题将很难解决。

新能源汽车、充电桩以及停车费用高等问题需要城市保障措施到位。新能源汽车作为共享汽车中占据绝大部分的车辆类型,受到国家对于新能源汽车的补贴以及行政政策上诸多优惠,因此共享汽车公司出于补贴和政策因素大量进行布局新能源汽车的发展。但是大量充电桩的建设能否跟得上,政府的规划是一个重点,如果政府不审批相关基础设施的建设。不同意保障共享汽车出行的充电桩建设或者共享汽车如何保障充电桩使用的安全等问题难以解决等都成了制约共享汽车发展的难点。这需要整个城市系统的深度协调配合,单靠共享汽车公司难以有效突破问题。由于城市车辆保有量的不断增长,城市停车位紧张的问题已经不再是新鲜问题。共享汽车的出现无疑加剧了停车资源的紧张,市场的停车费用一路水涨船高,甚至一位难求。对于共享汽车来讲,无论是停在高收费的车位还是选择路边违停都加剧了整个行业的成本,这个成本无论是让用户买单还是公司买单都是对整个共享汽车行业发展的负面影响,长期来看这是困扰着整个行业能否做大做强的问题。政府在停车难的问题上着墨众多,但收效甚微,如何解决整个城市中的停车位问题也深度依赖于整个城市系统的协调分配。

除了以上的主要问题之外,收费不合理、用户花费大、车型内部不舒适等都是共享汽车目前存在的问题,其解决方案也非一日之功,需要整个社会系统的协调发展。新事物总是面临着许多看似难以解决的新问题,也许随着市场逐渐的成熟化,这些看似难以解决的问题就会迎刃而解吧。

6. 政府积极引导共享汽车"公共价值"实现的政策措施

公共价值是由政府或社会团体设计、开发、制造、组织、治理,提供分配给公众进行消费和享受的公共产品和公共服务。公共价值管理的主体是政府,特别是对由私人所提供的准公共物品而言更是如此。政府这支"看得见的手"对于共享汽车的规范机制完善与否是保障共享汽车市场有序发展的重要一环。面对共享经济不可阻挡的潮流化发展,以及越来越多的共享行业出现在以"互联网+"为指导的"大众创业、万众创新"的政策环境和市场氛围下,政府的管控力度是否能够跟得上经济的发展？能否保证市场的规范化运行以及管控其中的风险成了社会对政府的重大期待。

政府对于共享汽车这类主要由私人企业所提供的准公共物品,实现其公共价值的管理举措要建立开放、灵活的公共服务获取和递送的机制,以此来拓宽公众的积极参与,加强与私人企业和公众的联系,特别是共享汽车行业从业者相互间的协商监管来创造公共价值。

2017年7月,国家发展和改革委员会等八部委联合印发了《关于促进分享经济发展的指导性意见》(以下简称《意见》),该《意见》中指出"共享经济存在的认识不统一、制度不适应、保障不健全等诸多的问题,基于此国家将鼓励部门与地方制定出台准入政策,引导有序竞争,加强平台监管,避免用旧办法管制新业态,逐步的破除共享经济的行业壁垒和地域限制"。为共享经济提供了准确定位和未来发展的风向标,对于共享汽车之后的市场发展起到了"定海神针"的作用。

2017年6月1日至14日,交通运输部发布《关于促进汽车租赁业健康发展的指导意见(征求意见稿)》在政府网站向全社会公开征求意见。根据所整理出的社会意见进行完善修改,包含总体要求、夯实安全管理的基础、提升服务的能力、鼓励分时租赁发展、营造良好发展环境等5部分13项内容。明确了坚持以用户为本、安全第一、改革创新、融合发展、科学监管、规范有序的发展原则,充分发挥市场在资源配置中的决定性作用和更好的发挥政府作用,深化供给侧结构性改革,优化行业发展环境,激发市场活力和社会创造力,促进行业健康发展。共享汽车等共享行业应着力落实身份查验确保押金安全,鼓励建立信用体系,建立联合激励惩戒制度。

2017年8月,由交通运输部、住房和城乡建设部联合制定的《关于促进小微型客车租赁健康发展的指导意见》正式出台,鼓励在共享汽车市场使用新能源汽车和开展分时租赁,减少个人的购车意愿缓解私人小汽车保有量上升对于道路和停车资源的挤占,鼓励分时租赁的经营者采用信用模式代替押金管理等,对共享汽车发展提出了清晰的发展指导。

在地方层面,许多地方政府针对共享汽车也做出相应的规定。广州市率先对于共享汽车行业进行了规范,发布了《广州市共享汽车(分时租赁)行业服务规范(试行)》和《广州市共享汽车(分时租赁)"不良信用"管理制度(试行)》两个行业规范性文件。对共享汽车在广州的运营发展进行规范化管理,避免其过度膨胀化对交通造成反效果,使共享汽车能够更好地适应城市的发展。此外其他城市也开始纷纷探索自己城市中共享汽车所出现的问题,并着力开始制定相应的法律文件对共享汽车的问题进行规范。

7. 国内部分城市为实现共享汽车公共价值最大化所进行的尝试

城市作为共享汽车的发展基础,不仅为其提供了广大的潜在用户资源而且为共享汽车的实际使用提供了必不可少的公共设施。作为刚刚兴起的"互联网＋交通运输"模式下的新型出行方式,共享汽车存在的问题在市场发展中逐渐的显现,除了以上这些问题以外,用户使用收费偏高、押金的退费效率低、客服的服务不到位难以解决实际问题以及用户体验不理想等都是共享汽车普遍被反映的问题。但是由于各大城市的实际运营状况以及城市环境等方面有所不同,因此所凸显的问题大小程度也不尽相同,各大城市对于共享汽车所出现的问题提出的解决方式以及相关的政策也是不一样的,但都可以为其他城市共享汽车的发展提供有益的经验。下文以国内三个城市共享汽车的相关发展为例来看一下有关共享汽车如何在这些城市最大化的实现共享汽车的公共价值。

(1)北京市——首个共享汽车示范区运营

北京市作为国家的政治中心以及经济发达地区,对城市私家车的使用政策,出于治理城市交通拥堵,改善城市长期以来环境污染、雾霾漫天的考虑下,是国内对于私家车的限行、限购政策属于最为严格的管控。但由于北京市人口基数庞大、人们用车的需求不断上升等原因,虽然有严格的政策管控但整体上私家车的数量仍然处于逐步上升的状态。因此,北京市用户对于分时租赁的共享汽车的发展是极为追捧的。在北京,以"共享交通、绿色出行"为主题,石景山区政府与北京汽车集团有限公司联合举办了"石景山区共享汽车示范运营启动仪式",标志着北京市首个共享汽车运营区工作在北京正式展开。

根据计划,在未来的三年中石景山区将逐步地建成共享汽车的运营网络,2017年在拆违腾地的空地上增建超过10 000个停车位以及6个以上的停车楼,在新建的公共停车场中,约10%的停车位要求配建共享车位。在2017年首批投放200辆共享汽车,到年底则会增加到600辆以上。石景山区政府将引导现有的公共停车场按比例提升改建共享汽车车位,通过合理优化停车资源,合理布局停放点,逐步完善共享汽车的运营网络。为方便用户使用,将共享汽车的停放点主要以商圈、写字楼、大型小区和交通枢纽为重点进行建设,实现共享汽车在北京市石景山区内全要素、全覆盖、全绿色、全智能,为市民出行提供更大的便利。

(2) 襄阳市——共享汽车服务平台的尝试

2017年9月,作为2017年襄阳市创业创新大赛参赛项目之一的"橘子租车",即鄂西北首家共享汽车服务平台全面上线。该共享汽车服务平台是天一二手车交易有限公司与众泰新能源汽车等企业开展的战略合作平台,并在襄阳市政府的支持下启动了城市无人自助新能源汽车服务平台"橘子租车",该共享汽车服务平台填补了国内三四线城市没有共享新能源汽车的空白。该项目在襄阳市一经落地便迅速发展,大街小巷经常可以看到众泰新能源E200汽车的身影以及"橘子出行"的醒目标志。

"橘子租车"平台的建设使用,实现了用户手机预约取车、手机开车门以及手机引导还车的全流程,用户从借车到还车只需要根据手机的引导就可以轻松完成。"橘子租车"共享服务平台在襄阳市开工建设具备充电和借、还车功能的2S网点13个以及具备借、还车功能的1S网点100多个,涉及整个襄阳市重要的地点以及重要的交通节点。该项目未来计划建设2S网点209个、1S网点2 000个,投放车辆1 500辆,涉及整个襄阳市的核心区域。

这种以"公司战略共享服务平台+政府支持引导"的共享汽车发展模式为襄阳市的城市交通发展起到良好的改善作用。

(3) 深圳市——探索"科技园区+共享汽车"的出行新模式

深圳市国家双创周主办地、深圳湾创业广场的运营管理方深圳湾公司与共享汽车企业"PonyCar马上用车"签署合作协议,双方将合力探索共享经济下城市出行难的创新解决方式,首批新能源汽车也将正式入驻深圳软件产业基地。双方将为深圳软件产业基地首批投入30辆新能源共享汽车,后期将逐渐增至300辆,并建设相应的共享汽车体验中心,为基地将近3万人提供用车体验与出行便利,并将此建设逐渐发展推广至北京、上海、广州三个城市进行重点布局。

作为深圳软件产业基地来讲,"新能源+共享汽车"的互联网共享汽车,为基地的企业员工提供了专业化、便利化、差异化的用车服务,并且致力于将整个软件产业基地打造成为深圳首个共享汽车枢纽中心,打造出"科技园区+共享汽车"的共享经济合作样板。

而对于"PonyCar马上用车"来讲,深圳软件产业基地内聚集了大批的互联网精英、创客、极客等敢想敢做的互联网人才,拥有着创新的基因和文化氛围,也乐于接受新事物,对于整个共享汽车企业的发展也起到重大的推进作用。

对于整个深圳市的共享汽车发展来讲意义更加宏大,对于整个深圳市在解决交通问题以及推广新能源汽车的努力上是一个重大推进,尤其是"新能源+共享汽车+科技园区"的发展经验,为深圳市在共享汽车的发展和管理上积累了经验,对整个城市向着绿色出行方向的发展具有着重大的意义。

二、案例讨论题

1. 为什么起源于国外的"共享汽车"却最先在中国"遍地开花"?
2. 政府如何实现共享汽车的最大公共价值?
3. 作为共享汽车公司如何才能最大程度上保证"共享汽车"的安全运行?
4. 简述政府应该如何对待由私人企业提供的准公共物品?
5. 根据国内城市"共享汽车"的发展措施,思考是否还有更好的措施进行融合式发展?

从"微博反腐"看互联网时代下政府行政管理方式

张 静

一、案例正文

引言：当下社会中一些腐败官员往往是被知情者通过微博揭发出来的，这些知情者中包括受到官员腐败伤害的民众、知情的网民甚至是官员亲近的人。微博反腐是当今监督腐败行为的重要途径，微博反腐就是言论自由和法律监督的良好结合，它属于我国法律监督体系中"人民群众的监督"，而这种监督又与"社会舆论的监督"存在一定交叉互动关系。司法机关在利用微博反腐的时候，需要建立一个规范的反腐流程，收到任何关于反腐方面的举报线索，首先要核实它的真实性，初步判断它可能造成的社会影响，尤其是对涉及公共利益的问题，需要加大侦查力度，公检法官方微博及时将掌握的线索报给相关部门，从而将个人微博反腐上升为正常官方渠道的反腐。在互联网时代，公民能够、也倾向于在互联网中发布各种信息，网络政治参与逐渐提高到一个新层次，公民也倾向以更加合理、更加深入的方式参政议政，积极参与到治国理政的过程中。同时微博反腐在一定程度上也增强了公民对政府行政的监督，有效弥补了政府监管与媒体监督的不足，提供了新的监督路径与方式。这对我国促进互联网新时代政府行政管理方式的变革有着重大意义。

（一）"微博反腐"的各类事件

"调情门"——2011年6月，江苏省溧阳市卫生局局长错把微博当作私密聊天工具，与女子大肆调情，并透露行贿受贿信息，引发网友围观，溧阳市委常委会随后召开紧急会议，将此人停职检查并取消其党代会代表资格。

"艳照门"——2011年7月，一条题为"捡到U盘，疑似昆明发改委官员艳照视频"的微博被疯狂转发，随后，昆明市发展和改革委员会确认"艳照门"主角为昆明市发展和改革委员会收费管理处副处长成建军并对其展开立案调查，成建军被撤职。一个月后，河南省汝阳县人大常委会党组成员田汉文同陷"艳照门",后被停职。

"情妇门"——2011年8月,浙江省开化县国土资源局副局长朱小红被免职,起因是妻子林菁微博举报其嫖娼、供养情妇,资金来源主要是受贿,浙江省衢州市国土资源局纪委对其展开立案调查。

"炫富门"——2012年3月,天津市西青区副区长李治阳被调查,起因是其女李颖在微博上发布诸多奢侈品照片,并被网友搜出"跨分数转校""免试特招进国土分局"等,李颖被称为官二代"坑爹"的代表。

"表哥门"——2012年8月,陕西延安境内发生重大车祸,陕西省安全生产监督管理局局长杨达才视察事故现场微笑的照片在微博上被大量转发,引发网友不满。随后,网友"人肉"杨达才,"搜"出5块名表,总价数十万元。杨达才因此被戏称为"表哥",后被撤职。

"房叔门"——2012年10月,天涯网友曝光广州城市管理综合执法局番禺分局政委蔡彬及其家庭成员名下拥有21处房产的帖子在微博上被广泛传播,经调查后,番禺区政府微博称,蔡彬瞒报房产,已对其停职。

"性侵门"——2012年11月,黑龙江双城市电视台播音员、女主持人王德春微博实名举报双城市人大代表、双城市工业总公司总经理孙德江要挟她与其保持不正当关系,并称孙德江存在以权谋私、变相转卖公家资产违法乱纪等行为。双城市市委随后对此事展开调查。

"不雅视频门"——2012年11月,疑似重庆市北碚区区委书记雷政富不雅视频的截图在微博上流传,63小时后,重庆市官方宣布视频中的男性确为雷政富,并免去雷政富北碚区区委书记职务,对其立案调查。

(二)部分事件详细经过

1. "雷冠希""秒杀式"过程

3天,63个小时,正厅级"雷冠希"倒下,被称为微博反腐"秒杀式"经典案例,速度之快,令围观者振奋。2012年11月23日,重庆市人民政府新闻办通过官方微博发布公告称,经重庆市纪委调查核实,近日互联网流传有关不雅视频中的男性确定为北碚区区委书记雷政富;重庆市委研究决定,免去雷政富同志北碚区区委书记职务,并对其立案调查。

2. "小号"的逆袭

2012年8月,"中山纪检监察"接到线索,时任广东省中山市人力资源和社会保障局纪委书记的梁国影,篡改其儿子公务员考试成绩,引起舆论广泛关注,造成恶劣影响。很快,"中山纪检监察"通过微博发布信息,将对举报信息展开调查,并通过微博同步发布相关进展,赢得网友们一片叫好声。

据中山市委常委、纪委书记李君能介绍，中山市纪委接到举报后，次日就成立"8·01"专案组展开调查。一周内，"中山纪检监察"官方微博先后4次发布案件进展，获得网友们一致肯定。

"目前看来，微博最重要的功能是收集线索。"据广东省中山市纪委监察局工作人员张元（化名）介绍说，第一条线索来源于"私信"，"有人发私信给我们，透露重要信息。"在此之后，"'私信'数量越来越多，案件的证据、细节也愈加丰富，大量'私信'来源于不同的微博，都是'小号'。"

"小号"通常指微博用户的新注册者，"关注""粉丝"量都不大。张元推测，可能有人匿名注册了多个账号，发送不同的信息。"主要是为了保护自己吧，以免暴露身份，引发麻烦，遭到报复。"

同时，重要信息被多个"小号"编辑成微博发出，并得到上千次转发，事件很快得到众多网友和有影响力的"大V"们（比较有影响力的实名认证微博）的关注。"事件一旦扩大，信息源就会迅速增多。"张元说，很快，多个微博都通过"私信"和"@"的方式向"中山纪检监察"提供线索。"其中有事件的知情者，也有被检举者的相关人，提供更多的线索和相关事件的信息，事件查处相较于普通案件而言容易很多，因为证据多、线索多、信息多。"

在处理过多个检举事件中，该事件被张元评价为"线索最多，证据最充分，最重要的是时间最快，效果最显著的案件。"当然，一切都要归功于微博平台。"它让更多人参与其中，成为检举者和推动者。"

3. "艳照门"

2011年7月31日，一条题为"捡到U盘，疑似昆明发展和改革委员会官员艳照视频"的帖子，在微博上被疯狂转载。随后，昆明市发展和改革委员会确认，"陷入多人性爱丑闻"的当事人正是昆明市发展和改革委员会收费管理处副处长成建军。8月3日，昆明市纪律检查委员会对成建军立案调查。

无独有偶，一条在微博上热转的"艳帖"让河南省汝阳县一官员陷入"艳照门"，发帖者正是艳照女主角。随后，调查组查实网帖中的当事人为汝阳县人大常委会党组成员田汉文，田汉文被停职。

（三）微博反腐事件曝出的原因

1. 知情者故意爆料

一些腐败官员往往是被知情者通过微博揭发出来的，这些知情者中包括受到腐败伤害的民众、知情的网民甚至是官员的情妇或亲人。

安徽省利辛县国土资源局干部周文彬为了举报所在单位的领导，选择了"自首式举报"，在微博上直播了自首的过程，称自己与单位领导贪污行贿。此事迅速引起网友围观,亳州市纪委监察局介入调查。周文彬因此被网友称为"中国微博反腐实名举报第一人"。浙江省开化县国土资源局副局长朱小红被免职,起因是妻子林菁微博举报其嫖娼、供养情人,资金来源主要是受贿,衢州市国土局纪委对其立案调查。

在微博中,用户可以使用一些昵称或其他名字,具有一定的保护性。知情者出于对此类现象的不满,或者曾经受过其威胁等原因,将收集的腐败官员的信息在网上发布,并通过微博平台的广泛传播,希望能够得到社会公众的关注与大量转发,进而引起社会权威媒体与政府纪检部门的重视,以达到举报的目的。

2. 亲人炫富引事端

鉴于网络搜索的强大压力,很多官员都"小心翼翼",然而,他们往往被自己亲人的炫富行为曝光,甚至有网友调侃准备办一个"官员亲属微博培训班"。

互联网给了人们一个展示自我的空间,同时也为很多人提供了炫耀、攀比的空间,他们喜欢将自己奢侈的生活发布在个人空间、微博、微信等,以期得到好友们的点赞、羡慕的评论,以得到一种心理上的自我满足与自我认同感。这在任何时候、任何空间里都存在,只不过互联网的存在将其从线下转移到线上,更好地满足了他们的炫耀心理;再加上互联网传播的广泛性与实时性,无疑也使得他们在互联网中更受关注。那么当遇到一些"多管闲事"的"仇富者",他们可能会利用一切手段挖掘相关信息,如果官员家属无意间由于自我心理满足的炫耀那么会让一位贪官"浮出水面",这也是互联网时代给反腐创造的一种新途径。

3. "微博盲"不慎暴露自己

某些贪官因为疏忽与无知,错把微博当成类似 QQ、MSN 之类的私密聊天工具,"一失足便成了千古恨"。江苏省溧阳市卫生局局长误将微博当作私密聊天工具,在微博上与一名女子大肆调情的记录被网友截图并发到论坛上,引起无数人围观。溧阳市委常委会随后召开紧急会议,将这位"微博局长"停职检查,并取消其党代会代表资格。

这种情况的出现,与我们一直以来所讨论的政府应该如何对待与使用互联网有密切关系。互联网刚出现时,甚至一些群体性事件见诸网络时,部分政府官员认为网上的东西没人信,也成不了事,所以对其避而不见。当越来越多的政府不作为行为在网络中出现,并直接影响了现实中政府的行政管理活动时,政府开始意识到互联网影响力的巨大,不得不重视,但此时他们对于互联网是一种敬畏的态度,知道互联网影响很大,却不知如何应对。互联网的快速发展和社会公民对于互联网的广泛深入的应用推动政府部门在不断改变、不断进步。

4. 个人信息外泄隐私曝光

当官员包养情妇的艳照或者个人信息无意泄露时,微博似乎成为曝光这些内容的最便捷渠道。

现在的互联网不再是一个单向的网络平台,政府或者互联网的架构者不再是网络空间的单一创造者,互联网中的内容也不再是由单一的内容提供商供应,每一个网民都是网络内容的提供者与服务者,同样也在影响其他人和网络内容提供商。现如今的互联网是一个开放的网络,每一个人都可能是主体,也可能是客体,再加上微博中话题的力量和转发的力量,每一个人也有可能成为互联网的中心,甚至是社会舆论与话题的中心。

(四)国家重视与公民参与的诉求

面对新的传播环境,2005年,中国共产党中央委员会印发《建立健全教育、制度、监督并重的惩治和预防腐败体系实施纲要》,提出"加强反腐倡廉网络宣传教育,开设反腐倡廉网页、专栏,正确引导网上舆论。加强对互联网站反腐倡廉宣传教育的指导和管理",表明了党中央借助网络治理腐败问题的决心。在具体实施中,2003年,最高人民检察院开始建立网络举报平台。目前,各级政府基本都建立了廉政网站、网页或专题。

2012年11月15日,中共中央总书记、中共中央军委主席习近平在当选后就以"打铁还需自身硬"来表露反腐决心。17日在第十八届中共中央政治局第一次集体学习时,又以"物必先腐,而后虫生"之说警示官员,并强调"腐败问题越演越烈,最终必然会亡党亡国"。

2012年11月9日,俞正声接受路透社记者采访时称要树立平等观反对特权,"我们的领导人一定要把职务的行为和非职务的行为分开。"

2012年11月30日,中共中央政治局常委、中央纪委书记王岐山在北京主持专家座谈会,强调"信任不能代替监督。各级纪检监察机关必须加强自身建设,努力建设一支忠诚可靠、服务人民、刚正不阿、秉公执纪的纪检监察干部队伍。"

2012年11月21日,中共中央政治局常委张高丽在卸任天津市委书记时,在天津市党员干部大会上称,"今后,如果有人打着我的亲属、朋友或身边工作人员的旗号来办事,无论是真是假,还是三句话:一不要接待,二不要给情面,三决不允许给办事。"这些声音,自上而下表明了中央反腐的决心,这也为微博反腐新路径、新平台、新阵地的开拓提供了强有力的基石。

微博反腐是网络反腐的深化和扩展,是网络反腐的一个分支。在政府决心借助网络治理腐败问题的大背景下,微博反腐有了比较宽松的舆论环境,微博成为网络反腐的重要阵地。在"表哥"事件发生几天后,陕西省纪委就介入调查,表明政府把微博视为发现腐败问题的重要渠道。

从目前微博反腐发展的过程中可以看出,微博在反腐中表现出了巨大的影响力和强大的生命力。无论是实名还是匿名,微博将线上与线下相结合,充分体现了全媒体时代公民对于政治参与的强烈诉求;也体现了我国在推进依法治国过程中公民法治意识的提升,学会了守法与用法,并参与到自觉监督政府与社会的过程中,民主意识不断增强。这在一定程度上有利于我国国家治理能力与治理水平现代化的不断推进,同时也有利于促进公民参政议政,不断提升我国法治水平,推进我国的民主化进程。

另外,从国家层面来看,微博反腐体现了国际公法关于治理腐败的前沿理念。"综合性治理理念"正被世界各国所逐步认同和接受,而这一理念的核心就在于强调腐败治理主体和治理措施的多元化,它有效地解决了传统腐败治理过程中所存在的国家独占腐败治理权,以及由此产生的治理模式单一、治理成本过高等问题。而将治理腐败融入社会整体发展之中,较以往"传统性治理理念"而言,"综合性治理理念"更加重视社会公众参与治理腐败的作用,尤其是强调了国家应当尊重、促进以及保护公众对于反腐信息的公布和传播自由等。因此,从这一角度而言,微博反腐实质是《反腐败公约》等国际公法对于治理腐败理念的一种实践和创新。[①] 体现了我国积极向世界提供反腐新思路。

腐败问题是世界各国共同面临的一个重大问题,在不同时期,各国政府有不同的应对策略和改进路径。如何使公民意识到将线下与线上有效融合,并积极通过互联网监督政府的行为,运用好微博这一途径,并让公民积极参与到有效的反腐过程中是我们需要解决的重要问题。

(五) 公检法官方微博开通

公检法机构开通微博是一次遍地开花的"基层革命"。公检法加入微博反腐,微博或承担收集举报线索功能。

全国首个官方"反腐微博"——重庆市丰都县检察院的微博,自2010年10月开通后,根据粉丝在其微博跟帖评论中的信息获取一条线索,成功挖出当地一家医院的两名贪腐官员。

2012年3月31日,新浪微博和腾讯微博关闭微博评论功能3天,作为对微博上"集中出现谣言"的惩罚。《人民日报》同年4月刊登了一系列文章,直指网络谣言的危害,并公布了10起网络谣言案例。国家互联网信息办公室网络新闻协调局局长刘正荣表示:"有境外互联网用户通过中国境内的微博网站制造和散布谣言,网络环境十分复杂。"

"清洁互联网"的同时,微博里涌现出一大批中央级媒体和政府微博。2013年8月,得到认证的新浪政法微博已达2.3万个,其中官方机构约1.6万个,个人近7 000个。但在省级单位,只有24个省级公安厅、9个省级法院、7个省级检察院、7个省级司法厅开通了新浪微博,其中有7个省级法院微博是在2013年上半年新增的。可以发现,越往高层走,对开通官方机构微博越谨慎。

通过新浪认证的政法微博,核心力量集中在基层,县处级以下基层机构和公职人员微博占全国政法微博数的86%,是政法微博组成的主体。同时,厅局级政法微博尤其是

---

① 张云霄,赵峰.微博反腐:注入反腐正能量[EB/OL].(2014-02-18)[2017-12-19]. http:/newspaper.jcrb.com/html/2014-02/18/content_152601.htm.

机构微博,数量虽少,但综合影响力更大。

"基层机构和官员本来就人数众多,处于行政金字塔的底层,另外,基层机构更便于尝试,是体制改革中较为轻松的一环。"政务微博研究者张振良评价说。

在地域分布上,政法微博已覆盖全国,据新浪微博公布的数据,截至 2012 年 10 月底,政法微博数量最多的 5 个地区依次为河南、江苏、山东、福建、浙江,这五个省的政法微博总数占全国政法微博总数的 49%。

人民网舆情监测室公布的《2012 年腾讯政务微博报告》中显示,在腾讯平台上,共有 45 030 个党政机构微博,25 054 个党政官员微博,总计 70 084 个政务微博。政务微博总数超过 3 000 家的地区共有 7 个,其中浙江省以 5 639 个位居第一。

"'政务微博地图'显示,江浙沿海地区微博比较活跃,与之对应的网络舆论也较为发达,这是一个地区社会进步的表现。可喜的是,中部、北部部分地区微博发展迅猛,政务微博得到大家的广泛认可。"人民网舆情监测室副秘书长单学刚向《中国经济周刊》介绍说。

在腾讯十大检察系统机构微博排行榜中,云南省人民检察院官方微博以 230 791 个听众数和 19 300 条微博数位居榜首。云南省人民检察院宣传处长赵安金在接受《中国经济周刊》采访时总结说,开通微博一是为了宣传自己;二是为了司法公开;三是希望形成窗口和平台,聚集各级检察院的力量;四是看重微博的时效性,更好地联系政府机构与民众的关系。

2012 年 7 月,186 个实名认证的北京市检察官微博在新浪微博悄然上线,形成了以检察官个人实名认证微博为主的"北京检察模式"。同时,河南省市县三级共 183 个法院通过新浪微博对案件当事人进行了全天接访,并直播接访情况,开创信访接待新方式,开辟了以省市县三级法院联动为特色的"豫法阳光模式"。

公检法开通微博,全面建立网络反腐平台,这是他们开始关注与加强互联网应用的第一步,它使得社会公民与政府的关系从线下的实际交往开始走向线上,也逐步加深了对于社会公民需求的了解。这是网络社会中政府行政管理方式向前走出的第一步,它也让我们认识到随着社会问题发展的变化和社会公民需求的变化,政府也在一步一步走向公民,希望能够通过线上线下各种方式更好地与公民进行互动,了解公民需求,并积极开展有效地应对,为提升政府行政效率奠定基础。

在这一时期,政府官方微博在反腐过程中所扮演的角色或者所发挥的作用并不是很明显,并没有得到政府的真正认可或重视。相当一部分公检法机关开通微博只是为了顺应时代潮流,与时俱进,作为形象工程或政绩工程的一个象征;或者是为了宣传相关的法律法规与政策,更有很多的公检法机关的微博是一个"僵尸号",几乎没有起到任何作用。这主要是由于无论是国家的行政机关,还是社会公民,对于微博反腐的有效性与持续性都有一定的质疑。在短时期里,微博的确是为反腐提供了一种新思路、新方法、新路径,但是从长远发展来看,微博反腐也面临许多问题,所以公检法机关在面对网络反腐平台时,也会更加慎重与保守,这就导致相当一部分平台僵化,或者功能并没有得到有效实现。

(六) 微博反腐中的责任分担

中央党校政法教研部教授林喆坦言,微博在某种程度上成为反腐倡廉助的推器,这是积极的,但微博问政也存在无序发展的问题。群众通过个人微博举报贪官,一方面容易"打草惊蛇",另一方面也给自己的人身安全带来一些问题。"微博反腐必须增强法律意识,因为弄得不好可能会侵犯别人的合法权益,容易犯法,有的时候会导致自己的行为是非法的,或者是违法的。"林喆说,"我还是赞同公众通过正常渠道去反映官员腐败问题。"由此看出,微博反腐也并不如我们所想象的那么好,它在发展过程中也面临许多的问题与困境,同样,这些问题也是微博反腐能否得到持续发展、能否得到社会公民认同、能否得到政府机关持续关注使用与重视的非常重要的因素。下文从微博反腐的现实困境和微博反腐中司法机关的职责两个角度来谈谈目前微博反腐中的责任分担。

1. 微博反腐的现实困境

一是缺乏成文法律制度的有效规制。目前,我国微博反腐最根本的难题和最主要的困境,就是其游离于现有法律制度范围之外,成了所谓的"法外之地"。比如,有关微博反腐的程序规制、微博举报人的权利保障和救济以及相应的监管制度等皆为空白,这不仅给纪检监察机关和检察机关在查处贪腐案件时带来"无法可依"的程序难题和尴尬局面,而且非常容易"鱼龙混杂",引发微博反腐的无序发展,最终极有可能导致微博反腐走上一条"非法治化"的轨道。

二是干扰案件查办工作的正常进行。微博反腐一个非常显著的特点就是时间短、传播快、影响大,而恰恰就是这样一个特点,非常容易"打草惊蛇"。即在纪检监察机关和检察机关介入调查取证之前,被调查者在得知有关信息之后,迅速将相关证据材料,尤其是一些重要的书证、物证等转移、隐藏、毁灭等,或者与同案人员订立"攻守同盟",以对抗纪检监察机关和检察机关的调查,这就为相关调查取证工作带来比较大的困难和挑战。

三是阻碍文明理性社会的培育发展。微博反腐中有三种现象值得引起高度注意:目前微博反腐主要以道德为准绳,而道德的评价带有非常强烈的感性色彩,这种感性色彩在非正常的环境中很容易走向极端,引发所谓的"网络暴力",严重侵犯公民的个人隐私权;一些人往往打着微博反腐的幌子来对他人进行打击、报复或者陷害,甚至微博反腐成为极少数官员"争权夺利"的"决斗场";还有一些人利用网络微博匿名的特征,擅自发布一些子虚乌有的贪污腐败案例,扰乱正常稳定的社会秩序,制造社会混乱。[①]

---

① 张云霄,赵峰.微博反腐:注入反腐正能量[EB/OL].(2014-02-18)[2017-12-19]. http://newspaper.jcrb.com/html/2014-02/18/content_152601.htm.

2. 微博反腐中司法机关的职责

"微博是一种新型反映民意的载体,但未来的发展情况还不明确,不能过分夸大微博的作用。"广东省深圳市检察院有关负责人在接受记者采访时表示。

《中华人民共和国宪法》规定,公民对于国家机关和国家工作人员有提出批评和建议、申诉、控告或者检举的权力。但微博反腐也存在一些重要缺陷:网民多采用"无官不贪"的"有罪推定",微博成了虚拟空间的断头台,罗伯斯庇尔式的革命狂欢;民意审判,法律退后,以微博"大V"和媒体人为后援的爆料,被告在微博上无"还嘴"之力,权利救济缺乏;爆料者身份的模糊,容易被官场恶斗所利用;安徽庐江官员"艳照门"中的大尺度曝光,有损公序良俗;全民"扒粪"时代,伤害社会信任体系。

微博反腐,纪检部门需要首先接招,对民意可疏不可堵,最好24小时内做出回应,消灭"断头新闻",重大涉贪舆情件件有着落。广东政法委官方微博称:微博案源多,鼓励广东各级检察院及反贪局、反渎局开办官方微博,循线依法反贪反渎。南京市纪委监察局官方微博"钟山清风",公开回应网民的举报。纪检部门官方微博可倡导私信举报,既保护举报者权益,也防止在启动调查前误伤官员,还可避免打草惊蛇。与此同时,还需要大力拓展线下举报和监督渠道。

《瞭望》周刊早在2009年发文:只有让民间反腐有个制度化出口,才能把民间反腐力量更好地纳入到整个反腐资源配置的序列之中,从而使其成为一种可再生资源。网民"天笑猫"警告:网络反腐不是长久之道,没有完善的体制,网络反腐迟早会变成网络"黑打"。《新华社》中国网事呼吁:网络反腐正倒逼中国反腐机制创新。中国的反腐任务不应该依靠"运动式反腐"来实现,网络反腐与制度反腐协同发力,制度反腐仍需要发挥主力作用,包括规范权力运作程序,以预防腐败。广东试点开展领导干部家庭财产申报和公示,就令人鼓舞。

司法机关在利用微博反腐的时候,需要建立一个规范的反腐流程。收到任何关于反腐方面的举报线索,首先要核实它的真实性,初步判断它可能造成的社会影响,尤其是对涉及公共利益的问题,需要加大侦查力度;其次公检法官方微博及时将掌握的线索报给相关部门,从而将个人微博反腐上升为正常官方渠道的反腐。

有关部门需要把微博反映的情况进行多平台整合,从而扩大微博反腐的影响力,以实质性的效果来取信于民。另外,在制度层面需要设立明确有效的微博反腐制度规范,起到启发引导群众,推动国家政务公开和廉政建设的作用;在法律层面,将一些弹性的规则变成硬性成文的微博反腐法律法规,从法律上对个人和政府微博进行规制,防止出现一些滥用微博打击报复的现象,同时也防止一些职能部门工作人员在面对微博线索的时候,不当行使自由裁量权。

无论是对社会公民而言,还是对司法机关来说,微博反腐绝不仅仅代表简单的信息发布或信息公开,它所表示的是政府行政管理方式的变革,它也督促政府开始去适应互联网时代的行政管理方式,从线下走到线上,再从线上回到线下,这是互联网时代政府必须掌握的工作方式。另外,它也让我们看到了,微博反腐过程中,网络中的内容与信息是关键,所以必须确保相关信息的真实性与可靠性,才能为反腐提供有效的保障与支持。

(七) 结束语

微博一转,围观一万;反腐一动,倒下一片。一张照片、一段视频,一旦将其投进庞大诡秘、纷繁芜杂的微博世界,其产生蝴蝶效应的速度、广度和深度,都是惊人的。那么,围观微博反腐这种急剧的发酵过程,是从哪里开始的?围观就是力量。"微博反腐已经形成规模,形成阵营,成为一股浪潮,将官方和民众都裹挟其中。"政务微博研究者张振良同时指出,"形式的变化并非根本性的改善,真正的问题在于纪检部门如何对待举报线索,如何落实处理,能把已知的问题和线索调查解决好。"

如今,微博反腐已经成为一支不容忽视的社会监督力量,微博反腐成员有的以行业或反腐地域命名,如"地产反腐""医药反腐""河南反腐""福州反腐反贪"等;有的以反腐组织的形式命名,如"反腐三剑客""反腐老干部""反腐工作室""反腐联盟"等。

通过以上的各类微博反腐事件及相关分析可以看出,从表面上来看微博反腐给社会公民带来了一定的便利性,同时也使得社会更加风清气正;但是微博反腐在真正实行的过程中也面临许多问题与困境,它需要政府、社会与公民共同参与完成。作为现有反腐手段与方式的一种重要补充,微博反腐给反腐带来了新的机遇与挑战,微博反腐也需要从技术、方式、内容与方法等层次进行全面的改革与创新,不断突破才能有效创新,最终促进互联网时代政府行政管理方式的变革。

二、案例讨论题

1. 结合微博产生历程与微博反腐影响扩大的过程,试分析政府对待网民政府的变化过程。
2. 互联网时代应该建立什么样的政民关系?
3. 结合行政管理的相关理论,试分析政府应该如何利用互联网促进政府行政管理方式的变革?

我们该如何自救?

李 乐

一、案例正文

"别赞了,说说该怎么办?"Y大哥的一句话,微信群内顿时安静下来,大家都陷入到沉思之中。是啊,我们该怎么办。街道办的行政复议决定下来了,就像爱莎公主的冰雪炸弹,把大家的心情冰封到了零点。但是很快有业主张大姐跳出来说,"筹资请律师吧!动员尽量多的人筹资!也不要指望都出资,就像革命先烈一样,必须有前人的牺牲,才能换来后世的幸福。我实际参加维权的时候不多,只好在钱上主动了!我可以认捐5 000~10 000元支持请律师继续维权!"于是,群内气氛又开始热烈起来,"我愿意筹钱请律师""支持"……这么热烈的支持使维权领袖Y大哥非常感动,一幕幕的往事在脑海中回想,这一路走来真不容易啊!Y大哥点燃一支烟,烟雾缭绕,陷入到回想之中……

(一) 我们的美好家园:Z小区

1. Z小区的地理位置和生态环境

说起Z小区,那可是核心城市核心地段的小区,地理位置非常好。Z小区位于政治中心城市B市H区西二环与西三环的中心地带,往东1千米为西二环交通主干道,西侧500米为西三环交通主干道。Z小区则在增光路与首体南路两条城市道路交汇点的西北角上,北邻中关村核心区、车公庄大街,南依国宾馆钓鱼台、中央政务区与玉渊潭公园、阜外大街。Z小区周边的生活配套设施非常齐全,生活非常方便。Z小区楼底临街是各种底商,有服装店、照相馆、药店、复印店、地产店等;小区南门西侧是中国农业银行分行,南门往西200米是大型的物美超市和菜市场。Z小区的交通出行也非常便利,它夹在两个地铁口中间,往北走200米是地铁S站,往南走300米就是地铁D站。

Z小区2005年建成,是一个商住两用型小区,由一栋塔楼、两栋板楼组成,总建筑面积为60 639.35平方米,其中地上建筑面积45 344.55平方米,地下建筑面积为15 294.80

平方米,临街商铺建筑面积 2 728.37 平方米。Z 小区共有住户 376 户。紧连着 Z 小区西侧,在中国农业银行的后面有一片低矮的四合院结构的平房,它是以前的部队大院。部队大院内的住户和租户经常来 Z 小区广场聊天活动,大院内的小孩子也都喜欢来 Z 小区内健身路径处活动玩耍。让 Z 小区居民经常感到疑惑不解的是,为啥紧邻小区西侧的中国农业银行仅仅才一层楼?后来 Z 小区居民在聊天中了解到,中国农业银行也想建得高大一些,但后面的部队大院不乐意,怕中国农业银行建得高挡住大院内的阳光。

2. Z 小区的治理结构

Z 小区有一个业委会,有一个物业公司。Z 小区的业委会成立于 2006 年,每两年换届选举产生新一届业主委员会。2012 年 9 月,Z 小区进驻了一个新的物业公司——D 物业管理公司。2006 年,Z 小区制定了《Z 小区业主大会议事规则》,并报政府机关备案。

在 Y 大哥的印象中,2012 年以前,在 Z 小区中还能寻得一丝静谧,Z 小区南门和北门都有门禁,进入 Z 小区需要刷卡进入,私密性比较好。但是随着 Z 小区住户入住率的提高,又加之 Z 小区是个商住两用型小区,Z 小区内进驻了两家民办幼儿园(可能是黑幼儿园,据 Y 先生观察,这两家幼儿园从未见其牌照等证件)。这两家幼儿园都租在 170 多平方米的住户内,小朋友的容量比较多,每家都有将近 100 人。此外,逐渐有一些企业将小区的一些住房租来办公,比如一家知名的地产中介公司——链家集团的自如公司就在 2 号楼 2 单元 16 楼租了一个两居室作办公室;比如有 DIY 饼干的小店租在小区内等等。此后,Z 小区逐渐热闹起来。每天早上八点左右,小区就开始喧嚣起来,最明显的一个感受就是小区以前空荡荡的公共停车坪,如今每天停放了满满的自行车、摩托车。每天到下午五点左右,下班的员工,接送小孩的家长,幼儿园的小朋友等非小区住户就穿梭在小区中间。小区本身的公共健身器具和场地不再属于小区业主居民本身,附近部队大院里的小朋友,楼上幼儿园的小朋友等非小区居民都喜欢在公共健身场地运动,玩耍。于是,小区的门禁设施形同虚设,时间在一天天流逝,静谧的小区逐渐喧嚣,Z 小区业主居民也逐渐由此而感到烦恼。

Y 大哥就是生活在 Z 小区的一名业主,他有自己的公司,是一名自由职业者。Y 大哥带着女儿在小区公共绿地玩耍时,经常喜欢跟业主们聊天。Y 大哥明显地感受到,这些年随着小区租户的增加,业主们的抱怨声开始增多。Z 小区业主们的抱怨集中在以下两个方面:(1)Z 小区门禁设施形同虚设,随便什么人都可以横穿 Z 小区;(2)Z 小区物业费年年交,但是新进驻的物业公司不给力,小区的垃圾清扫等工作打扫不到位。Y 先生在聆听业主们的抱怨时,发现 Z 小区还有非常蹊跷之处,小区居民有这么多的抱怨,小区的业主委员会却没有踪影。另外,地下车库的小房子里有好多租户,但是又没有安全的防火设备和措施,万一起火了怎么办?租户怎么办?业主的车怎么办?

(二) 矛盾重重

日益喧嚣的小区生活扰乱了小区居民宁静的生活环境,Z 小区就像笼罩了一片乌云。

小区内部居民与外部居民的矛盾、小区内部居民与物业管理公司之间的矛盾、小区居民与业委会之间的矛盾日益凸显。

1. Z小区居民与部队大院的矛盾

部队大院的居民经常来Z小区绿地遛狗,部队大院的小朋友经常来Z小区健身路径处玩耍,挤占了原本属于Z小区业主们的单独的休闲场所与空间。Z小区居民发现,西面200米处的另一个小区H小区,因为门禁设施严格,管理得当,H小区的房价比Z小区一平方米要高出一万多。Z小区业主们曾经向物业反映情况,说是附近居民占用了小区业主们的公用设施,要求发放门禁卡,不让非小区居民穿梭,不让隔壁部队大院居民进入。事实上,D物业管理公司有向业主们发放门禁卡,但是门禁卡并没有起到作用。据Y大哥的观察,一是以前的物业公司并未发放过门禁卡,部队大院的居民经常来Z小区内活动,大院内的人们已经将进入Z小区习以为常;二是门口保安经常跟部队大院内的居民聊天,慢慢熟络后,大院的居民出入Z小区非常容易。

2. 小区居民与物业管理公司之间的矛盾

Z小区的物业管理费用并不低,一平方米物业管理费用是2.6元/月。据小区居民反映,D物业管理公司在以下几个方面做得不好:(1)垃圾清扫不到位。Z小区北门和南门分别放置了垃圾回收桶。Y大哥常常从Z小区北门回家,但是Y大哥发现自从新的物业管理公司——D物业管理公司进驻小区之后,小区的垃圾回收桶边上经常堆着一大堆垃圾,垃圾清扫的速度非常慢,垃圾桶周边的空地也打扫不干净,经常苍蝇蚊子一大堆。由于北门的垃圾桶挨着小区居民的健身路径设施,影响到小区居民的纳凉和活动。这样一来,Z小区居民逐渐对物业管理公司心生不满,经常听到有业主在物业管理公司前台质询。(2)物业门禁设施不严格。一方面是物业经常换门禁,门禁卡丢了,去物业补办还得重新再交费。物业保安管理门禁不严格,经常让闲杂人员出入;另一方面,物业在发放门禁卡的时候,要求业主们提供身份证及房产证复印件,但是又没有对业主们的个人信息进行妥善地保管,而是把这些信息透漏给了业主委员会。(3)小区公共设施管理不善。小区居民A反映,"物业就是不跟业主商量,过道的声控灯以前是比较灵敏的,不用使劲跺脚,大声咳嗽一下灯就亮了,而现在什么情况,美其名曰节能,但D物业管理公司自己在地下乱拉电拉水管,放开用……";小区居民B反映,"咱小区的大门修的太恶心了,放了一整块的玻璃将门弄成完全不透明的门,我们开门时根本看不到门里的人,非常容易撞上,连商场的门帘中间还做成透明的,只顾放广告,而不顾小区居民的出入安全,强烈要求物业整改……";还有小区居民C反映,"我们现在已经被广告包围,一进电梯全是广告,现在连大门也堵上广告,真让人透不过气来……"。(4)让Z小区居民与D物业公司的矛盾激化的地方就是D物业公司把地下车库里的一些地下室出租出去了,租户弄得地下车库非常脏,业主们不满意。而且让业主们担忧的是,这种乱出租将导致巨大的消防隐患。有业主反映,D物业公司不作为,很多电动车停放在楼道里,而电动车也存在安全隐患,容易引发火灾,万一引发火灾,后果不堪设想。

(5)小区公共路面存在塌陷现象。小区公共路面是所有业主们共同活动的场所,尤其是小朋友们经常在公共场地玩耍、跑跳。业主要求D物业公司能够修好塌陷,防范事故。而D物业公司一直迟迟没有行动,导致塌陷面积越来越大,由于塌陷地面紧贴天然气管道,部分业主担心引发天然气爆炸。有业主在业主群内直呼:"物业将公共设施恢复原样,将非法租户赶出去,让我们小区恢复正常,我才交物业费"。还有业主反映热水不够热的问题,"物业把加压泵房当公共浴室了,但凡和物业有关系的人都随便去洗澡,咱们都是喷头,而浴室直接是管子放水洗,咱们热水压力能够吗?"

3. 小区居民同业委会之间的矛盾

按照国家颁布的《物业管理条例》相关规定中关于业委会人数的配备,Z小区业委会共有5人。小区居民同业委会之间的矛盾主要体现在以下方面。

一是对业委会合法性的质疑。2016年1月5日,在陪孩子在小区内玩耍的时候,1号楼2单元的业主Y大哥看到小区的布告栏,发现布告栏上贴出了第六次业主大会选举结果决议的公示。Y大哥打电话给业委会的值班员M女士,提出了疑问:"选举票数是怎么统计出来的?决议是谁写的"。M女士的回答是:选举票数是找志愿者统计出来的,决议是她写的。Y大哥听到她这么说,问到:"你不是小区业主,又不是业委会成员,为什么是你来写决议?"对方支支吾吾的挂断了电话。这样一来,Y大哥的疑惑更大了,M女士的回答如此躲闪,难道Z小区业委会的选举存在着什么不可告人的秘密吗?

二是对业委会不监督物业公司的不满。Y大哥及小区业主们在业主群内转发了一份文件——《B市住宅区业主大会和业主委员会指导规则》。根据此规则第四十二条规定,业主委员会应该执行业主大会的决定,接受业主的监督,依法履行下列职责:"①召集业主定期召开会议和临时会议;②定期向业主大会报告物业管理情况;③代表全体业主与业主大会选聘的物业服务企业签订物业服务合同;④及时了解业主、物业使用人的意见和建议,监督物业服务;⑤组织和监督专项维修资金的筹集、使用;⑥监督物业共用部分的经营及经营收益的管理和使用;⑦督促业主按照约定交纳专项维修资金、物业服务费和其他应当由业主共同分摊的费用;⑧建立并妥善保管工作档案,为业主提供查阅、抄录和复制档案资料的便利;⑨调节业主之间因物业使用、维护和管理产生的纠纷;⑩对违反国家和本市相关规定以及管理规约、业主大会议事规则的行为,可要求行为人停止侵害、排除妨碍、消除危险、返还财产;⑪配合社区相关组织做好物业管理区域内的社区建设工作;⑫业主大会赋予的其他职责。"但《B市物业管理办法》第十一条规定由业主共同决定的事项不得授权业主委员会直接行使。而实际上,Z小区居民经常抱怨,小区业委会同物业管理公司穿连脚裤,在监督物业服务方面,业委会的表现非常差,业委会并未帮助业主们去反映心声,维护业主们的权利;而是长期疏于监督,处处袒护物业管理公司,导致Z小区众多业主对小区物业管理不满。Y大哥曾经要求业委会公布是如何将D物业管理公司招纳进来的,但是业委会并没有把流程对外公布。

三是对业委会违规操作的不满。据业主们的反映,2015年底,业主委员会违规组织召开业主大会,在没有公示工程预算、施工方案、行政主管机构组织的专门鉴定等一系列相关内容的情况下,试图以一句语义含混的"更换小区消防设施设备",取得业主大会的总授权,以动用Z小区业主们的公共收益。此举,引发Z小区半数以上业主的不满,业主们终于忍无可忍,开始向业主委员会维权。在多次沟通无果后,业主们先后两次集体签名,要求罢免业委会。先后参与签名的业主达到Z小区业主总人数的三分之二。据小区业主介绍,由于业委会设置重重障碍,罢免业主委员会的业主大会至今无法召开。

四是对业委会信息公开不透明的不满。据小区业主反映,2006年业主委员会备案以来,业主委员会从未向业主及小区其他业主公开过小区业主大会议事规则以及历次业主委员会备案单和变更备案单。业主申请查阅时,也不主动提供。

五是对业委会招纳物业公司的程序的质疑。

六是对业委会挪用小区公共收益的质疑。

在这些主要的矛盾之外,近期让Z小区居民感到非常气愤的一件事是,小区所在的街道办事处与市政管委及热力公司未经Z小区业主同意强行外接暖气管道导致Z小区路面塌陷。Z小区居民曾经多次致电小区所在街道办事处,但都没有得到合理的答复,以至于群内业主提出,直接投诉街道办事处的提议。

(三) 我们该如何自救?

事实上解决所有矛盾的关键,就在于重新选举业主委员会,动员小区居民积极参与到Z小区公共事务的治理中,由小区业主真正来决定小区公共事务的治理。正如Y大哥在微信群内对大家所说:"今天的冷漠,意味着明天的冷酷;今天的袖手旁观,意味着明天就是受害者。"在长达两年多的维权时间里,在Y大哥和C专家的带领下,Z小区加入到微信群的业主已经多达146位,而且都是实名业主。大家相互沟通,相互支持,在维权的道路上越走越远……总的来看,Z小区业主们维权的决心非常坚定,小区业主的维权意识日益强烈,业主自治的愿望日益强烈。例如一位业主就曾在微信群内留言:"咱能不能借鉴党的指挥体系重塑小区的组织结构呢?如业主大会——业主代表大会——业主委员会,业主代表大会会员代表全体业主成立物业公司、聘请专业人士提供物业服务,运作好了还可以输出管理。这样既有代表性,又有效率还有收益。自己的小区完全在全体业主的监督和管理下……物业公司的注册资金就由公共收益出……"在热热闹闹地讨论背后,业主们到底该如何去做呢?回想这两年来走过的维权路,Y大哥慢慢说道:"我要做现代版的秋菊……感谢C专家一路的辛苦指导与付出……"。Z小区的业主们在业主领袖Y大哥的带领下,在业主维权专家C先生的指导下努力地尝试着各种维权渠道。

1. 途径一:动员大家,团结一致

平时小区里的业主们都很忙碌,就像一条条平行线在各自的轨道上前进,不是不关心涉及自身切身利益的小区事务,而是没有心思去关心,并且经常处在不知情不了解的状态,意识不到小区内正在发生的事情会对自己的切身利益带来影响。Y大哥等关心小区事务的业主们发现,既然业委会成了"业伪会",那么重建美好家园的第一步就是要广泛动员业主,把一些小区内正在发生的涉及小区业主切身利益的事情告知业主。一个人的力量是薄弱的,业主们共同的力量才是有力的。为了尽可能快捷地把信息传递给小区的业主们,Y大哥带头组织筹建一个小区业主微信群,希望业主们能在群里共同讨论、共同议事、共同维护小区业主的权利,监督物业公司和业委会。2016年1月7日,据业主Y大哥回忆,他们在业委会和物业极力阻碍下建立了小区业主的微信群。在建立微信群的同时,2016年10月11日,关心Z小区公共事务的业主朋友们打印了一份《重大通知》的传单,将其贴在小区的布告栏上,并把它散发到各业主家中,通知内容如下。

"Z小区南门路口往西相邻的平房区热源改造项目目前已基本完成Z小区院外的施工,马上就要接入院内。该热源改造项目是市政要求平房区取消燃煤,热力站给出的方案是从Z小区热力站分出管道和热力输送到平房区。Z小区热力站位于2号楼2单元地下三层,当时建站时是按照小区面积、用户数量设计的总供热量。在总热量不变的情况下,如果分出余量就会导致Z小区供暖温度达不到往年标准(例如,往年供热在25度左右,国家规定只要达到18度就符合供热标准,无法投诉)。该热源改造项目严重侵害了小区业主的权利:①未征得小区业主同意,在本小区红线内(院外车库进口旁的广场)搭建临时工棚、堆放管道、接电施工;②本小区热力站在业主购房时计算了公摊面积,并支付了建站费,街道和热力集团要接管道分热力并未征得本小区业主同意,该行为等同于接线偷电;③平房区热源改造项目在十一期间抢工,违反国家要求法定节假日不得施工的规定,在本小区业主拨打110制止后,该项目停工20分钟继续施工,无视国家法律规定,在本小区业主继续拨打B市H区城管电话82785787,城管来人证实平房区热源改造项目没有施工、规划等许可证,要求其停工的前提下,该项目在10月7日、8日继续两晚在夜里三点至清晨砸地抢工,严重违反国家关于施工时间的规定,影响相邻小区业主们的休息。④在本小区业主向各部门举报后,Z小区的街道办事处前几日在本小区各楼电梯间贴出小区西边平房区热源改造项目的通知,该通知存在滞后性,内容毫无诚意,避重就轻,完全不提该改造项目要分本小区热力,接本小区热力站的事实,仅说明该施工将影响大家的生活,望配合。

鉴于本小区业主们团结、积极的反对,Z小区街道办事处、热力集团、城管、施工单位等几方派人于10月10日在本小区召开业主大会。会议说是收集业主的意见,实际是妄图做业主工作,劝说业主们配合热源改造项目的施工建设。并承认在本小区搭建工棚、准备接管道、分热力的事实。本小区多名业主质问他们为何不事先征得业主同意就占地施工,他们表示现在就在征询意见。对于这种先干再问、势在必行、毫无诚意的行为,本小区业主一致表示无论该改造规划是否影响供热温度、是否影响收费、是否存在安全隐患均无法确证,基于对本小区业主种种不尊重的事实,以及业主们拥有产权的事实,本小区全体业主坚决反对从本小区接管道,分热力,对于此事毫无商量的余地。

会议后小区业主参观了热力站,热力站明显已接出几条新线,据知情业主透露,小区3号楼楼下放置原垃圾桶和自行车停放处的路面,前几个月莫名巧妙的被翻新,当时就已埋下两个热泵并且该改造项目本小区外的施工基本已完成,目前就剩下本小区院内施工及热力站的接通工作。

请广大业主捍卫自己的权利,相互告知,积极参与,发现有施工行为及时拨打110或82785787,并在小区业主群里召集大家共同抵制,否则一旦接通热力站将影响本小区供热温度以及安全,将影响我们几十年的生活。目前周边小区涉及平房供暖接入问题均强烈反对,我们支持政府取消燃煤,支持平房区改造,但请政府拨款自建热力站,不要侵犯我们的合法权益,不要因为是政府行为就无视国家关于不动产所有权、施工时间和开工手续的规定,国法应一视同仁。"

与此同时,为动员小区业主维权,Y大哥等业主领袖们拉出了"××小区业主维权"的横幅,将其悬挂在小区公共活动场地上。并且打印张贴了很多张白纸黑字的大字报,悬挂在小区活动广场旁,表达了业主的心声,比如"公开账目""公开重选,我们要干净的业委会""委员们都是在小区居住吗?""公开选票"等。

2. 途径之二:申请政府信息公开

为理清业委会自2006年选举备案以来,开展活动的情况,受众多业主之托,业主H女士、S先生、T女士先后向有关政府部门申请政府信息公开,Y大哥也受其他众多维权业主之托,对业委会提起知情权诉讼,目前仍在审理之中。申请行政复议的具体过程如下:

2016年5月10日,业主H女士向Z小区所在的B市H区房屋管理局递交政府信息公开申请,要求获得Z小区业主大会议事规则、管理规约等文件。2016年5月25日,B市H区房屋管理局做出了答复,提供2006年Z小区业主委员会备案的《Z小区业主大会议事规则》。

2016年6月8日,业主T女士向Z小区所在的B市H区房屋管理局递交政府信息公开申请,要求获得2006年至2016年间Z小区业主委员会历年在房屋管理局备案的业主委员会备案单、变更备案单及相关备案材料及附件。2016年7月21日,B市H区房屋管理局做出了明确的答复,2006—2016年,Z小区业主委员会历年在H区房管局备案的业主委员会备案单、变更备案单及相关备案材料、附件信息的相关情况。①现将2006年3月14日之后生效的Z小区业主公约、Z小区业主大会议事规则、2006年9月4日之后生效的Z小区业主委员会备案单的复印件对您进行公开,复印件共10页;②根据2010

年10月1日施行的《B市物业管理办法》的规定,第四条规定2010年10月1日之后业主委员会备案职责划归街道办负责,您所申请的信息建议向Z小区所在的G街道办事处咨询。

2016年6月6日,业主S先生向G街道办事处提出两份政府信息公开申请。2016年6月23日,G街道办事处分别做出了答复。

2017年6月27日,Y大哥又向G街道办事处申请政府信息公开,2017年7月13日,G街道办事处受理了提出的政府信息公开申请:"经查,您申请获取的政府信息属于公开范围。根据《中华人民共和国信息公开条例》第二十一条第(一)项的规定,现向您公开您所申请的政府信息。如果您对本答复有异议,可以在收到本答复之日起60日内申请行政复议,或者在3个月内向人民法院提起行政诉讼。衷心感谢您对我们工作的关心。"

3. 途径之三:举报与行政复议并举

Y大哥励志带领着Z小区业主们建设一个美好的小区。2016年1月14日,一封联名举报信被递交到了H区G街道办事处。举报人是Z小区的部分业主,有32位业主在联名举报信上署名,举报对象则是Z小区业主委员会。在举报信上列出了四项举报问题:"(1)换届选举程序违法①表决票没有送达业主,是必须在物业公司前台领取并当着物业面填写(不让带走),选票箱设在物业前台;②没有监票、验票、唱票、计票等工作;③质疑业委会暗箱操作。(2)业委会不作为,具体表现在①业主反映问题,业委会成员避而不见;②业委会从成立到现在业主们不知道业委会成员及组成;③不配合业主监督检查业委会工作;④遇有重大事情不组织召开业主大会商议,对业主权利的侵犯;⑤2016年1月9日经过业主们努力,现任业委会副主任丁先生及原业委会主任S女士与小区部分业主见面,有业委会成员明确表示不愿意任业委会成员,自己很忙没有时间,参加见面会的业主成员一致认为原业委会主任还在操纵着业委会的工作。(3)阻碍小区建立业主微信聊天群①不让业主张贴建群通知,让物业人员撕掉通知;②派物业人员跟踪业主偷听业主之间的谈话(有录像证据)。(4)反对原业委会主任再次竞选业委会。Z小区业主向街道办反映此事,提出"希望得到领导的重视,并尽快给予解决,以免除我们的后顾之忧"这样的要求。

这样一份联名举报信是怎么来的呢?Y大哥细细地回想着自己的发现。2015年12月16日,Y大哥发现业委会第六次选举程序有问题,随即与业委会值班员M女士反映了两个问题:①为什么投票地点设在物业办公室前台?②为什么选票不能拿回家填好后再投?业委会值班人员M女士解答说,这是由业委会规定的。可是《物业管理条例》上明确投票要公开,带着疑惑,Y大哥回家了。2016年1月5日,Y大哥陪孩子在小区内玩耍的时候,1号楼2单元的业主Y大哥看到小区的布告栏,发现布告栏上贴出了第六次业主大会选举结果决议的公示。Y大哥打电话给业委会的值班员M女士,提出了疑问:"选举票数是怎么统计出来了的？决议是谁写的"。M女士的回答是：选举票数是找志愿者统计出来的，决议是她写的。Y大哥听到她这么说，问到："你不是小区业主，又不是业委会成员，为什么是你来写决议？"对方支支吾吾中挂断了电话。这样一来，Y大哥的疑惑更大了，M女士的回答如此躲闪，难道Z小区业委会的选举存在着什么不可告人的秘密吗？由于Y大哥是自由职业者，自己经营着一家公司，平时能有不少空余时间来邻里到处转转。于是2016年1月6日，Y大哥找到居委会，把Z小区业主委员会的换届选举中存在的问题告知居委会主任，主任明确地说，如果是这样，选举肯定不算数，并让Y大哥去G街道办事处反映问题。2016年1月7日Y大哥联合业主J先生、Z先生三人找到G街道办事处城市建设科L科长，L科长让他们写封检举信，而且最好能够联名签字，他收到材料后会调查解决的。于是就有了这封检举揭发联名信，这封信件于2016年1月14日被业主Y先生、J先生、Z先生递交到G街道办事处社区建设科，社区建设科的人员说一周后给予答复。一周后，2016年1月22日，业主Y先生、Z先生、F女士到社区建设科要答复，L科长休假，在电话里就此事进行推诿。一个多月后，2016年3月8日，业主Y先、Z先生再去G街道办事处找L科长，L科长此次答复不支持业主们的维权事情，业主们没有被L科长的态度所击垮。2016年3月29日，Z小区88户业主重新写了一封联名举报信送至G街道办事处城市建设科："您好！我们是H区××路27号院Z小区的88户业主，曾经于2016年1月向贵单位联名举报Z小区原业委会主任S女士任期届满，又违法违规暗箱操作再次当选业委会委员的情况。尽管街道城市建设科的领导答应我们会责令和监督委员会，就小区业主质疑本次选举诸多不透明出面解答。截至目前，Z小区业委会没有就此次选举业主们质疑的事项召集小区业主进行解答。反而在没有经过合法备案前又以全体业委会委员会的名义，通过了他们所谓的业主大会决议，严重损害了全体业主的利益。因此，我们88户业主再次联名向街道主管部门反映。请求依照'京建发739：B市住宅区业主大会和业主委员会指导规则'责令Z小区业委会取消此次错误决定，并监督指导本小区依法依规重新召开业主大会，公平公正、公开透明的选举出新的业委会委员。"

接到此封举报信之后，Z小区所在的街道办事处领导对此事给予了高度的关注，多方协调决定由街道办事处、原业委会、维权方三方共同成立工作组，重新选举新一届业主委员会。然而，虽然有街道办出面协调，原业委会并不买账，业委会主任并不承认自己的选举程序存在违规违法问题，坚决不予重选。于是，Z小区业主维权行动陷入僵局。但难能可贵的是，业主们并未因此停止维权的脚步，他们在C专家的指导下，一直在琢磨着如何尽可能用体制内的合法方式解决业主们面临的问题，维护自己的权益。根据C专家的指导，Z小区业主意识到，他们还可以根据《物业管理条例》的相关规定，由小区20%以上的业主联名向业主委员会提议，要求业委会重新选举，建立监事会制度。于是2017年3月10日，Z小区20%以上业主联名向业主委员会送达题为"罢免现任业主委员会全体委员、名"的文件。但是很遗憾,业主们的行动并未得偿所愿,因此,Z小区业主不得不再次向G街道办事处继续上书。2017年5月,Z小区业主又向G街道办事处提交了一封"关于Z小区业主委员会未按照小区业主动议设定业主大会临时会议议题的情况反映及要求G街道办事处对此给予监督、指导"的函。

在陆陆续续地连续一年多的维权后,2017年7月,G街道办事处给业主们回复了一份"关于对Y先生申请情况反馈说明",报告中对于业主们反映强烈的业委会选举程序违规违法问题进行了一系列的解释,认为"Y业主所提出的撤销业主大会决议或撤销备案的要求,于法无据","仅仅要求Z小区业主委员会对其工作中存在的问题进行改正补救"。拿到这份行政决议书,Y大哥等业主的内心是凉的,"没想到街道办事处跟业委会是穿着连脚裤,他们是一丘之貉",业主们在群里讨论的时候如是说。街道办的这份文件并未浇灭Z小区业主们维权的决心,他们于2017年9月8日向街道办的上级单位——H区政府递交了行政复议申请,但是非常遗憾的是,H区政府以提出行政复议申请的Y业主的业主身份资格尚浅,之前与业委会之间并无利害关系,不具备提起行政复议的资格为由,驳回了Y业主带头提出的复议申请,维持了G街道办做出的"关于对Y业主申请情况反馈说明"。当Y业主把行政复议书的电子版发送到微信群的时候,群内有维权业主如此表达心迹:"我在2016年3月参与Z小区的维权工作,一直到这周下午3点Y大哥诉业委会知情权的官司,我看到了维权的艰难历程,真的很难。作为参与者才真正了解到,自己住了十年多的房子,自己权益被业委会、街道办事处和物业共同出卖,只想要一个公平的结果都这么难。物业公司本是为业主服务的,业主委员会是维护所有业主权益并监督物业公司各项服务的,他们居然勾结在一起坑害所有业主,这就是Z小区现状。大家伙儿都想想办法吧……我支持筹资请律师……"。于是就有了开篇大家响应出资请律师状告G街道办的讨论。

4. 途径之四:司法鉴定与司法诉讼

维权该怎么维?业主们在联名举报、联名上访的同时,还利用了司法途径进行维权。2016年3月Z小区业主Y先生等业主们无法忍受物业管理公司D公司的糟糕管理方式与恶劣的管理态度,将其告上法庭。然而让人始料未及的是,在诉讼纠纷案件的审理过程中,H区人民法院发现无法与D物业管理公司取得联系,无法送达法院传票,该公司处于失联状态。随后,业主们发现D物业管理公司印章涉嫌伪造,于是向G派出所报案,后来经司法鉴定所鉴定,业主们的猜测是对的。2017年4月26日,B市S司法鉴定所对物业管理公司的印章进行鉴定,发现D物业管理公司的印章与2012年参加Z小区物业管理公司招标时的印章是不一致的,小区业主们先前的担忧成为事实。Y业主等人在微信群内商量的时候,还这样说过:"我们小区物业公司和业委会是一伙的,物业公司到咱们小区招投标资料几乎是全部造假,这个物业公司是个地地道道的空壳公司,在注册地点连个办公地点都没有,只是在那注册。"

在跟 D 物业公司打官司的同时,2016 年,业主 Y 先生将 Z 小区业主委员会告上法庭,2017 年 4 月,B 市 H 区人民法院给 Y 先生发布了一份"告知合议庭组成人员通知",告知他们,"你与 B 市 H 区业主委员会业主知情权纠纷一案,本院依法适用普通程序审理,由本院代理审判员 G 担任审判长,与两名人民陪审员 Y、Z 组成合议庭,由书记员 L 担任法庭记录。根据《中华人民共和国民事诉讼法》第一百二十八条的规定,特此通知。"目前,本案正在审理中,目前结果如何还得继续关注。

(四)重建美好家园的努力

在业主们努力维权,努力争取权益的同时,Z 小区的业主们在维权路上相互扶持,相互沟通,Z 小区的人文氛围也发生了可喜的变化。

1. 微信团队:让熟悉的我们不再陌生

在 Y 大哥的带领下,2016 年 1 月 7 日,Z 小区业主组建了两个微信群,用于讨论小区的公共事务。一个微信群是实名的,一个是非实名的。此外,2016 年 4 月,Z 小区成立了微信公众号。

2. 欢乐的万圣节

自 2016 年 1 月 7 日,Z 小区业主微信群建立以来,业主们在群内就小区内的公共事务的治理互通信息,进行了广泛而深入的交流与探讨。与此同时,在 Y 大哥的带领下,小区内的业主们在一次次的互联互通中构建起了一种熟悉感,熟人圈子逐渐形成。Y 大哥想趁着万圣节让小区的小朋友们欢乐一把,顺便构建一种欢乐的小区文化。2017 年 10 月 31 日,Y 大哥和小区的业主们为了活跃小区气氛,让大家感受到小区的温暖,决定在即将到来的万圣节举办一个小区的糖果接龙活动——"首届 Z 小区万圣节之夜"。活动首先由 Y 大哥在微信群里发起参加活动的名单接龙,参加的业主们自备糖果、服饰,然后 Y 大哥策划了一个接龙的路线图(从住户到楼下底商都有参加),还制作了非常精美的"糖出鬼没万圣节"的海报,小区 13 岁以下儿童均可参加讨要队伍。万圣节当天晚上,Y 大哥带头,小区里面的小朋友和业主们度过了 Z 小区第一次的集体万圣节。大家把当天的场景图片纷纷传到微信群内,有业主说:"这才是业委会应该干的事情!"

3. 小区绿地重建的积极讨论

由于花坛塌陷,加之以前的花坛大树底下就是煤气管道,为了修复花坛,同时消除安全隐患,Z 小区物业公司打算对 Z 小区绿化场地进行重新地翻修与规划。Z 小区业主得知这一行动计划,纷纷加入到重建绿地的讨论之中。关于重建绿地的资金来源问题,Y 大哥在微信群里告诉大家,政府支持 100 万元翻新 Z 小区的花园道路。

(五)后记

如果说城市是一个石榴,社区就是构成石榴的一颗颗石榴籽。曾经有学者讲,社区居民的自治中最难的一点就是如何从内心唤醒居民的自治自觉,如何让社区居民觉得社区的事就是自己的事。多年以来,中国文化中这种"自扫门前雪,不管他人瓦上霜"的心态,加之城市生活中的节奏过快与生活压力,使得小区中的很多居民甘愿做个袖手旁观者,小区居民之间成为"最熟悉的陌生人"。如何打破这样的一种状态,如何让熟悉的陌生人之间相互熟悉起来,让社区充满爱充满温暖,让人们走出原子式个体的局限,成为温暖的社区居民,从而推动社区自治,探索出一条有效的社区公共事务的治理之道,从而化解城市社区矛盾,化解城市社区居民的怨气,重建美好的社区生活,继而使得整个城市和谐又美好。这个议题处在市场化、城市化、工业化中的中国城市而言尤其显得紧迫而重要。

作者以为,城市小区居民自治意识与维权意识的觉醒离不开社区精英领袖与专家的带领与引导(例如Z小区的Y大哥和C专家),Z小区居民的自治意识与维权意识的觉醒一方面得益于Y大哥和C专家的积极领导和推动,另一方面也得益于信息化时代下示范案例的激励作用。在Z小区的微信群里,经常看到一些业主推送其他小区业主维权成功的案例。例如Y大哥就转发过一则新闻,"成都首家业委会'纪检委'成立,业委会将不能为所欲为",例如某业主转发的小区业主得红包的案例,这些案例潜在的激发了业主们自我维权的意识。

总而言之,在我国城市化与工业化转型的大背景下,如何使得城市治理得更加美好,作者以为,城市治理的好坏依赖于每一个社区治理的好坏,每一个社区都和谐了,美好了,自然整个城市就和谐了,美好了。因而,新时代下城市社区治理的研究显得尤为重要。作为城市一分子的我们,理应有很多的责任和道义去积极投身社区建设,回归社会,重建美好的国家!

二、案例讨论题

结合该社区业主维权的案例,讨论在我国城市化与工业化转型的大背景下,如何使得城市社区治理得更美好?

真相,你也给我站住!

李砚忠

一、案例正文

引言: 一场关于慈善的拷问再次跃入人们的视野,"罗一笑""罗尔",一时间刷爆朋友圈,卖文救女,抑或者带血营销,一次次的逆转牵动着大量网友的心。只是在各种病毒式传播、相互攻讦的文章面前,它所引发的舆论争议,能给我们的民间慈善带来些什么?……

本案例描述了深圳市患白血病女童募捐导致的"罗一笑事件"引爆网络的整体过程,在此事件中的不同主体,当事人罗尔、小铜人公司、网民、公益慈善组织、民政局、医院等基于不同的立场进行了不同的反应。通过阐述"罗一笑事件"前后剧情的巨大反差,此事件值得我们深入反思,社会治理并不是灵丹妙药,也存在"失灵",公益慈善事业的发展需要适应新媒体社交时代而转型,推动网络慈善募捐不断完善规范,同时参照他山之石,政府应不断完善网络空间的法律法规,尤其在网络空间信息披露方面应"积极有为",不可"缺位"。

1. "罗一笑事件"刷屏,白血病小女孩感动网友

2016年11月,深圳市人们的朋友圈被一位不幸罹患白血病的小女孩笑笑的故事刷爆了,数以万计的深圳人通过各种方式进行捐赠,希望为这个悲伤的家庭送去温暖。11月29日,笑笑的父亲罗尔接受记者采访时表示,很多认识的不认识的人都通过各种途径给他汇钱,他很出乎意料,同时非常感激大家。罗尔告诉记者,现在笑笑的治疗费已经足够了,很感谢大家的关注。

从小女孩笑笑患病的举步维艰到被网友刷爆"打赏"功能,也就几天时间而已。网友们是怎样"蜂拥而至"的呢?

2016年1月,罗尔就职的杂志社停刊,他一下子成了闲人。屋漏偏逢连夜雨,9月8日,5岁多的爱女笑笑查出了白血病,住进了深圳市儿童医院。从笑笑入院起,罗尔就将一家人与白血病"战斗"的历程写下来,陆续发表在自己的微信公众号上。文章发到朋友圈后,大家纷纷慷慨解囊,为笑笑最初的医疗费提供了保证。"我的公众号关注者也逐日上升,突破了一千,又突破了两千。文章赞赏金也收获颇丰,到9月21日,关于笑笑的几篇文章赞赏金已达32 800元"。

经过两个多月的治疗,眼看笑笑的病情一步步得到控制,没想到却在11月不幸被感染,病情转危,住进重症监护室。笑笑的病情加重,治疗费用也成倍增加,这时罗尔第一次感到了恐慌。罗尔说,许多朋友建议他用现下流行的众筹、轻松筹等方式为笑笑筹集医疗费。其实一个多月以前,德义基金就主动找他,要为笑笑发起筹款活动,那时他感觉自己还撑得住,也不想去抢占有限的公益资源,就把机会让给了其他患者儿童。但笑笑的病情危重后,每天一万元的治疗费用让罗尔这个小家庭捉襟见肘。

罗尔考虑再三后,打电话和小铜人金融服务有限公司的创始人、老友刘侠风商量如何解决笑笑的医疗费问题。最后商量的结果是,由刘侠风整合罗尔为笑笑写的系列文章,在小铜人的公众号"P2P观察"里推送,读者每转发一次,小铜人给笑笑一元(保底捐赠2万元,上限50万元),文章同时开设赞赏功能,赞赏金全部归笑笑。罗尔说,侠风是老板,他们这样做既可以在公众号上吸粉,又可以帮助笑笑,他就同意了。

笑笑系列文章,罗尔写了两个多月,最多的一篇阅读量三千多次,转发一百多次,罗尔想,就算阅读量翻十倍,侠风也不会"损失"太大,但他没想到这些文章经侠风加工后,竟酿成了"网络大事"。

"他是一个老父卧床的儿子,也是一个女儿刚刚住进重症室的父亲,同时肩负着一个正在上大学的儿子。人到中年,四面碰壁,罗尔对家里每一个人都抱着沉痛的亏欠心情。"这篇沉重的文章击中了许多人的内心,更从11月27日起在朋友圈中掀起刷屏之势,不到半天,这篇文章的阅读量突破10万,赞赏金达5万元上限,赞赏功能暂停。午夜过后,赞赏功能恢复不到两小时,阅读量突破100万人次,赞赏金再次达到5万元上限。微信后台关闭小铜人公众号"P2P观察"赞赏功能一个星期。

"P2P观察"赞赏达到上限后,读者遵循小铜人留下的线索,找到罗尔的公众号,让罗尔的公众号赞赏功能也连续两天突破5万元上限。小铜人与罗尔的公众号都不能赞赏后,读者又找到罗尔的微信号,加他为好友,直接给罗尔本人进行转账。微信后台发现加罗尔为好友的人太多,且通过好友就给罗尔转账,微信后台设置不再让罗尔加好友了。朋友们赞赏不了,也添加不了罗尔的微信给他转账,于是有很多人辗转托朋友的朋友,把钱转交给罗尔。深圳还有一位本土公众号大V"淼哥故事会"也同样被笑笑的故事感动并撰文开通赞赏功能,帮助筹款,"淼哥"通过微信转账方式将筹款转给罗尔本人,并对金额和转账进行截图公示。

2016年11月30日,小铜人相关负责人回应:据不完全统计,仅30日凌晨腾讯开通的捐款通道,已收到捐赠200余万元;按照小铜人承诺的,将实现50万元的捐赠。小铜人公司根据转发量为罗一笑捐款:306 342元;"P2P观察"公众号的爱心打赏:101 110.79元;罗尔公众号的爱心打赏:207万元;总金额约为250万元。

罗尔甚至自嘲:"我彻底被钱砸晕了头。"他说,有些微信红包都来不及收取,就沉底了,"许多的留言我看不了,许多的恩情我感谢不了,许多的钱我数不清楚,感谢山呼海啸一般的人间大爱。"100 000＋的阅读与点赞,超过11万人打赏,募集数百万善款,这个故事到这里,看起来皆大欢喜。但不久,事态发展急转直下,"坐拥3套房、2台车""一家广告公司""彻头彻尾的营销事件"……,在随后的网友爆料中,罗尔的财产以及发文目的都被曝光,这让许多网友的愤怒之情瞬间被点燃。

2. 事件大反转,爱心捐赠难道是一场骗局?

一篇《罗一笑,你给我站住》的文章刷爆朋友圈。与此同时,另一篇关于罗一笑的文章《耶稣,请别让我做你的敌人》也被广泛传播,文末注明"我们通过'P2P观察'公众号转发一篇罗尔微信上的文章,大家每转发一次,小铜人公司向罗尔定向捐赠1元"。不少人在帮忙转发时附上了美好的祝福。这篇文章的阅读和点赞量全是100 000＋,支付赞赏的人数更是高达110 557人。点击赞赏时,系统显示"该作者近日受到的赞赏金额已达上限"。

正当整个朋友圈正陷入感动之时,事情突然反转。有网友爆料罗尔"坐拥深圳、东莞三套房""有一家广告公司""文中的治疗费用一万多到三万多是在夸大其词",还有网友声称医院的报销比例很高,"罗尔此举实为拿生病的女儿赚钱"。还有人贴出详细清单声称2016年11月前罗一笑的治疗自付费用仅2万余元。真真假假的爆料让不少人感觉到自己的善心被人利用。

11月29日,罗尔在《我承认,我被钱砸晕了头》一文中明确表示自己并没有用众筹、轻松筹等平台,不想去抢占有限的公益资源。文中还讲述了他与小铜人金融服务有限公司高层合作的细节,之后便出现了9月27日"P2P观察"公众号《耶稣,请别让我做你的敌人》与《罗一笑,你给我站住》两篇文章的爆发式传播和赞赏。对此,微信官方平台11月30日晚回应,微信赞赏功能并非募捐工具,建议大家在需要帮助时,通过合法合规的网络募捐平台发起募捐。

罗尔:确有三套房,无法全变现

罗尔在接受媒体的采访中承认,自己的确在深圳有一套房、东莞有两套房。"深圳的房子是2002年买的,花了20万,东莞的房分别是在2014年、2015年购买,和开发商约定出租抵房款,所以现在仍没有房产证,没办法变现。"而对于其名下有一公司的质疑,罗尔解释,是自己微信公众号作品中虚构的内容。在他看来,小铜人公司发布公众号的行为并非营销,"这是我一个朋友,想帮我,因为我是个爱面子的人,他就想出这样一个办法。"罗尔透露,目前粗略统计已筹集200多万元。12月1日,罗尔就"罗一笑事件"发声明:260余万捐款将全部捐出。

刘侠风：好事做到底，不怕风凉话

小铜人创始人刘侠风回应，作为罗尔的朋友，对罗一笑的捐助，是"好事做到底，不怕风凉话"。他在"P2P观察"公众号上发表文章做出具体解释，他说罗尔的确有三套房和一辆2007年购入的别克车，但罗一笑生病以来，罗尔一家已花费20多万元，11月以来因病情恶化、治疗费用大增，到月底每天治疗费用过万是常事，因此发起募捐。此次，小铜人公司根据转发量为笑笑捐款约306 342元、"P2P观察"公众号爱心打赏101 110元、接受个人捐款25 398元、罗尔公众号爱心打赏207万元。"罗一笑救治资金之外的结余部分，我们想通过相关部门，一起发起一个以罗一笑命名的白血病方面的专项救治基金。""近日，我们会对外公布捐款明细等内容，谣言将不攻自破。"小铜人公司同时表示，目前深圳市民政部门已经介入，共同监督这笔善款的使用。

微信公众平台：赞赏超5万后暂时冻结

微信平台官方发布消息称微信公众平台对赞赏功能设定了单日5万元的金额上限，超过额度则用户不能进行赞赏。11月30日00:51，平台发现异常并开始拦截，完成拦截后累计超出限额的赞赏资金已经达到200余万元。由于实际赞赏金额远远超过设定的5万上限，经慎重考虑，平台对超额部分进行了暂时冻结。

深圳儿童医院发布：目前自付3万多元

面对质疑声，深圳儿童医院向社会公众通报了罗一笑病情及医疗救治情况：患儿5岁11个月，于2016年9月在深圳市儿童医院血液肿瘤科确诊急性淋巴细胞白血病，截至11月29日，三次住院总费用合计为204 244.31元，其中医保支付168 050.98元，自付36 193.33元，三次平均自付费用占总治疗费用比例的17.72%。

红十字基金会：正在积极联系家长

中国红十字基金会获悉此事后，高度关注此次事件，小天使基金方面也正在积极跟罗一笑的家长进行联系，后续进展还会跟进。据基金会相关负责人介绍，小天使基金致力于关注0～14周岁家庭贫困的白血病患儿，截至目前已累计救助2万余名白血病患儿。

深圳市民政局：我们没有介入罗一笑捐款事件

对于有媒体报道称"该公司（即小铜人）同时表示，目前深圳市民政部门已经介入"，深圳市民政局则表示，"我们没有收到这方面的咨询，也没有收到任何的投诉，何来介入？"

3. 罗一笑捐款事件续：罗尔称只接受司法机关调查

12月17日，在深圳市儿童医院重症监护室外，罗尔表示，女儿罗一笑目前的情况仍不容乐观，除了白血病外，还得了嗜血细胞综合症，病情比较复杂。对于网络上的一些质疑，罗尔表示，目前只愿意接受司法机关的调查。

由于医院方面将星期五的探视日推迟了一天，17日上午10时许，罗尔和妻子文芳出现在深圳市儿童医院重症监护室（以下称"PICU"）前。"骗捐"风波过去半个月后，身穿黑白格子衬衫的罗尔，跟其他前来探视的家长，没有分别。从11月23日至今，罗一笑已经进入重症监护室25天了。与平常的探视不同，夫妻两人还要多做一项抽血的程序，罗尔表示，是由于女儿在感染后查出了嗜血细胞综合症，所以需要父母两人查一下血液，看看这个病是父母遗传、原发性的还是感染之后造成的。

罗尔称，尽管女儿笑笑目前在心跳、呼吸、血氧这些方面的指标上有所好转，但是精神状态比前两次探视时要差一点。他表示，此前罗一笑的白血病已经有所控制，但是感染让她的脏器受到了损害。"今天看到她手、脚尖的指甲都变黑了，血液到不了那里，医生正在想办法。"所幸的是，夫妻两人在探视期间喊女儿的名字，罗一笑还会点头回应，有点意识。

对于半个月之前的风波，特别是网友截取的视频中说"房子留给儿子"，罗尔表示，女儿跟儿子都是一样重要的。"所谓的房子、养老，都是将前面的内容删掉，断章取义的，完整的采访视频并不是这样的。"罗尔称，此次风波之后，儿子的心情也受到了一定的影响。"他还很年轻，情绪很容易受到刺激，现在正在准备期末考试，不要过多的打扰他。"

"我也是做媒体出来的，我采访一个人也会把这个人的作品把握得清清楚楚。他们连我公众号的内容都没读过，很怕他们继续搞我。"为此，罗尔称自己拒绝了一众媒体的采访，不想再理了。

至于为何又将未有报销的账目在《罗一笑，你给我顶住》这一文中公布出来，再一次"挨骂"。罗尔称，是由于看到网友说，白血病的治疗费用便宜，前两个月才7万多元。他介绍，女儿进入PICU之后，一天的费用大约在1万元，目前还没有结账。"在女儿进入重症室后，想让大家看看这个费用。"罗尔称，在事件发生后，他关闭了公众号的赞赏功能，对一些新加好友想捐钱的网友也称目前费用已经够了，不用了。

在网络上，还有人质疑他除了退还的200多万元外，手上还掌握着另外100多万的捐款，罗尔表示这个说法特别搞笑。"这个是我的个人隐私，我也真不知道，没有心思算这个账，有进有退，加我微信好友的红包我大部分也退了。只有腾讯的后台才能算得清。"

罗尔表示，对于网络上的一些揣测，不想再理，也没有心思去理。"我现在只接受司法机关的调查。"

至此，故事从温馨催泪的"父亲为爱女筹集善款"，演变成众人口诛笔伐的"彻头彻尾的营销事件"，罗尔更被谴责为"卑鄙媒体人""消费大众的善良"。事件发展至此，许多细节是真是假我们无从得知。无论孰是孰非，孩子是无辜的，最终，罗一笑终因病重而逝，鲜活的生命在质疑、责骂、同情的喧嚣声中溘然逝去，让关注此事件的人内心悲痛不已。两百余万元赞赏款项经深圳市民政局、罗尔、腾讯以及刘侠风（帮助罗尔组织该活动的朋友）四方沟通，爱心赞赏最终以全额原路退还的方式作为结局。但多位业内人士却表示，该事件背后暴露出的种种中国式问题却值得思考。

4. 这是不是一场"骗钱"的欺诈行动？

罗一笑事件引发我们深入思考：罗尔本人、其文章及其行为是否属于慈善募捐，又是否在《中华人民共和国慈善法》的规制范围？

自2016年9月1日《中华人民共和国慈善法》（以下简称《慈善法》）颁布以来，国家民政部已经通过了首批13家慈善互联网募捐平台，他们有着成熟的机制，受助者的项目是有反馈，是可以追责。如果以微信打赏的方式到底最后是不是直接进入受捐人的账号，现在属于监管的"灰色地带，对于个人求助募捐的问题，原则上属于个体之间的民事法律行为，与有组织进行的慈善活动有相当的区别。

深圳市一家公益组织机构"蒲公英自然教育促进中心"相关负责人郑小姐认为，微信"赞赏"这个做法突破了传统的募集方法，利用朋友圈的黏合度进行广泛传播，还是非常有效的。以前在传统媒体上进行募集资金是有难度，这次利用了新媒体社交的转发和关注反而有了不一样的效果，非常值得探讨。不过郑小姐也提出，虽然做法创新，但是资金的用途、去向如何监管？"既然向公众募集，监管的问题都是值得探讨的"。这位资深的公益人指出，在微信公众号里打赏的行为属于个人对个人的赠予，不算是"捐赠"，"捐赠是有法律定义的行为，捐赠给公益机构是有票据，可以免税的，进入到公益成为公众财产一般就不可逆。"她同时指出，《慈善法》规定个人不可以公开募捐，但是并未禁止个人求助。她表示，现在受到民政部认可的13家平台都是有着成熟的机制，受助者的项目是有反馈，是可以追责。"但若无正当理由，赠予是不能随意撤销的。所以，针对个人求助者的赠予，以及可能发生的风险，捐赠人一定要有清醒的认识，谨慎行事，做好求证与监督，争取多方核实验证其提供信息的真实性，并要求对方公开赠款的使用情况及相关的证明材料。"

北京致诚社会组织矛盾调处与研究中心执行主任何国科称，《慈善法》界定慈善募捐的概念，是指慈善组织基于慈善宗旨募集财产的活动，其中有一个要素是这事是慈善组织做。显然，罗尔没有通过基金会筹款，其他慈善机构也没有参与，故称不上慈善募捐，应属于个人求助，其行为也就不在《慈善法》的直接规制范围内。

对于通过文章打赏实现资金募捐的情况，民政部门相关人士指出，"这应该属于个人公开募捐行为，与单纯打赏的区别在于引发同情争取资金支持，主观动机和客观事实都应该有认定条件。"按照慈善法的规定，像给患者募捐，首先要公布受捐者的真实病情，真实的经济状况，还要审核真实的医疗保障状况与自费情况等，然后才能决定是否符合被捐助的条件。慈善法中的内容主要是针对慈善组织的活动进行了规定与规范，并未对这种利用网络与自媒体向网民与粉丝募集捐款的行为进行规定。

清华大学公益慈善研究院副院长、教授邓国胜也指出，罗尔的行为不属于募捐，而是个人求助行为，并不违法。"人之常情都可以理解，可能只是他们求助的信息不准确。但如果求助信息不真实,会有问题。"对于这种求助获得的多余款项,邓国胜教授表示应该按求助信息上的相关承诺处理,用于救助其他白血病孩子。邓国胜还认为,如果是故意夸大其词求助,获得的金额和社会影响巨大,就会涉嫌欺诈。

5. 他山之石,骗捐将面临牢狱之灾

2010年8月底,一桩毛骨悚然的硫酸毁容案成了美国民众关注的焦点——28岁的受害人、华盛顿州温哥华市女子贝桑尼·斯托罗称自己8月30日晚遭一名陌生黑人女子泼硫酸,导致脸部严重烧伤毁容。当贝桑尼的恐怖毁容照曝光后,震惊了全美,斯托罗随后接到了美国社会各界的捐款。然而警方调查发现,这起案件竟是贝桑尼一手自导自演的骗局,她自己把硫酸泼到脸上才导致毁容的。

各国是如何面对类似的诈捐、骗捐的呢?

英国肯特大学慈善中心主任贝丝·布里兹博士表示,在英国,以政府资金支持的慈善委员会登记和监管慈善团体以确保公众对支持这些团体抱有信心。而作为登记的回报,慈善团体可以申请税务减免,并获得支持和意见。

布里兹博士还指出,募捐者本身富裕并不意味着他不能寻求帮助以及寻求他人对自己孩子健康问题的同情。但是如果募捐者假装贫穷,他便会有可能伤害以任何理由建立起来的募捐的信任度,导致慈善行为无法有效进行,这会令人非常悲哀,即便这并不是犯罪行为。

肯特大学慈善中心的慈善研究专家艾迪·霍格博士接受《法制晚报》记者采访时则表示,在英国,个人为生病的亲属(通常是儿童)的医学治疗进行募捐的现象越来越普遍,他们会尝试募捐非常大笔的资金金额,通常超过100万英镑。霍格博士指出,在英国如果将钱捐给一个登记在案的慈善团体或是组织(通常这些团体的资金在16万左右)的话,这些捐献的资金将会被慈善委员会所监管,以确保慈善团体的行为是他们宣称要做的行为。

美国印第安纳大学是全美首个设立慈善研究学院的学府。该校慈善研究专家德瓦特·伯林盖姆教授表示,在美国,一些不诚实的人会捏造各种理由来欺骗他人给他们捐款。而面对这样的事情最好的建议就是绝不要向任何你不了解的人或事进行捐款。"我们总是告诫潜在的捐款者去了解他们给予捐款的人的募捐理由,以防止被诈骗。但是不幸的是,很多人不关心这些建议,而完全是基于情感的反映来进行捐款。"在美国大部分的例子是,一个慈善机构或是慈善团体的董事会成员、高管对捐献的资金进行不正当的使用,一经发现他们会被上诉到法庭,如果发现有罪将会依法审判。

6. 罗一笑事件,该如何修复受伤的善心?

罗一笑事件反转之快,恐怕让当事人始料未及。舆论场中,主流声音也由万千同情切换为愤怒谴责,甚至有人喊出"罗尔诈捐"。千夫所指之下,罗尔夫妻压力极大,接受采访时痛哭流涕。如今,深圳市相关部门也已介入,此事虽然收场,却引发我们深入思考。

综合媒体信息,有几点可确认。罗一笑确实患了白血病,且病情危急,正在重症监护室;罗尔的确有三套房(深圳一套,东莞两套),不管房产能不能迅速变现,都不宜将罗尔归为赤贫一族。也正如此,当该内幕曝光后,不少网友愤愤不平,感觉受到极大伤害。

众声喧哗之下,审视罗一笑事件,恐怕没有最大赢家,相反,却能找到最大的输家。当人们的爱心被消费,善良被欺骗,怜悯之心遭愚弄,人们再碰到他人的苦难与不幸时,还能迸发出善念吗?如果社会陷入沙漠化,人心变得冷漠,恐怕是一件最糟糕的结局。

故此,当务之急应该修复受伤的人心,盘点失落的正气,以实现最大限度的止损。解铃还须系铃人,无论罗尔还是小铜人创始人刘侠风,都应该真诚地陈述真相,不得再有任何隐瞒,并拿出有建设性的纠错措施,以获得公众谅解。

政府职能部门更应该及时介入,详细调查。罗一笑事件并不复杂,当事人一开始恐怕也没有想到会引起如此强烈的打赏热潮,事件之所以峰回路转,与知情人爆料有关,也与公众的质疑精神有关。其后,随着深圳市民政部门、社保部门的积极发声,真相逐渐还原,但是还有什么不为人知的秘密,以及还有多少问号待拉直,公众需要答案。

还原真相固然重要,查缺补漏,但构建行之有效的防范机制更为重要。罗一笑事件有不少备受争议之处,比如罗尔算不算募捐?帮他"营销"的公司究竟扮演了什么样的角色?罗尔当初未如实交代实情算不算欺骗或诈骗?如何规范类似的个体求助?

毋庸讳言,在任何时代、任何社会,公民遇到不幸都有求助的权利。但是,这种求助是不是建立在信息真实的基础之上?是不是等到山穷水尽时才向社会募捐,如果身价不菲却哭穷,蒙蔽那些穷人也捐款,是不是不道德?按照现行的刑法相关条款,如果求助人捏造虚假信息骗捐、诈捐,情节严重的,将以诈骗罪论处。换言之,求助和募捐无错,但不能撒谎和诈捐。

此外,当前互联网求助已屡见不鲜,网络平台该如何发力?在资金监管方面,由于平台本身并没有经手所筹得的善款,善款直接由第三方支付平台发放给受助者,所以平台对资金的监管能力很有限。但是当平台收到举报或者投诉时,应该及时采取措施,并且配合相关部门进行必要调查。诚然,网络平台不能袖手旁观,该尽责就不能推脱。

目前,网络上下流传一种声音,以后再也不相信个人求助信息了,再也不伸出援手了。这又何必,难道因为遇到过黑暗就拒绝光明,碰到过欺骗就永远不信任他人?不争的事实是,这个社会中有太多不幸的人,他们的确需要帮助,如果他们在求助时没有撒谎,我们又何必冷眼旁观?因自己被欺骗,就"报复"这些真正需要帮助的人,无疑惩罚错了对象。

7. 谁来保障网络慈善信息不失实不失真?

在深圳市"罗尔网络捐赠"事件中,仅依靠个人和一家没有慈善资质的公司发布的两篇微信文章,就在几天内募集到200多万元捐赠款。这让人见识到国内网络捐助的蓬勃力量。

中国慈善联合会发布的报告显示,2016年我国个人捐赠达到179.30亿元,其中,个人小额捐赠(单笔金额在人民币1万元以下)的总额从2014年的68.6亿元上升到85亿元。而国内主要网络捐赠平台共筹款10.66亿元,较2015年增长127.29%。

然而,快速增长的网络慈善却常常"遇人不淑"。2014年6、7月间,4岁南京市重病女孩柯某获648万余元捐款,但其父母却被质疑滥用捐款,有数十名网友以涉嫌"诈捐"的名义报案,要求返还善款。

公众号、朋友圈等社交圈中,时常会遇到各类求助信息,有的是患病求医疗费、有的是贫困求学费……感动之下,动手转发或解囊相助的人很多,但当事人发布求助消息募捐是否合法? 信息发布方是否需要具有相关资质?

"按照慈善法的规定,个人进行公开慈善募捐,应当与慈善组织合作。"清华大学公共管理学院副教授贾西津说,个人和不具有慈善资质的公司在自己的平台上发布具体个人的求助信息属于"个人求助",而非慈善法规定的慈善募捐,法律并不禁止个人求助。个人求助是在有限空间内进行的私人行为,但是通过互联网公众号转发就带有了公共性,而"罗尔事件"中的小铜人金融服务有限公司并非慈善组织,本身没有公开募捐资格,该公司的行为是否属于"不具备公开募捐资格的组织或者个人开展公开募捐",要由执法部门根据事件的事实来认定。

8. 政府"缺位"导致了网络信息披露"鱼目混珠"!

"罗尔事件"之所以遭遇大众舆论围剿,是由于部分重要信息未向公众披露。互联网时代,网络慈善最怕信息失实失真。梳理近年来网络上出现的多个网络募捐热点事件发现,大众舆论都在聚焦信息的真实性。

信息披露不充分。比如"罗尔事件"中,罗尔只提及女儿的患病遭遇、妻子长期没有工作、父亲得重病等信息内容,而未披露其家庭有房有车,以及女儿的白血病治疗费用情况。

无中生有说假话。2015年8月,广西防城港市一女子利用天津滨海新区爆炸事件,谎称家人遇难,不仅骗取了数千网民同情,还诈骗近10万元捐款。

部分真实但"借鸡生蛋"。2016年10月,安徽利辛女子李某自称下班路上为救女童而被恶犬咬成重伤,收到数十万元善款。后经调查,李某其实是在男友的狗场被狗咬伤的。从"见义勇为"到"骗捐善款",舆论哗然。

家有难事向社会求助无可非议,但前提是信息披露必须真实。广东融方律师事务所律师吕胜柱说,"罗尔事件"表面上看是信息不对称、沟通不畅通等问题,实则却暴露了现有的网络募捐体系中,政府存在严重的职能"缺位",网络募捐缺乏必要的信息证实机制,亟须规范。

网络募捐突破了传统募捐的时空限制,传播快、影响大、互动强、效率高,可及时有效地为受助者排忧解难。但网络的虚拟性和开放性使得募捐信息真假难辨,这就需要政府引导提供空间服务的网络平台增强甄别募捐信息真伪的能力。政府应该制定相关的制度文件,规范提供空间服务的网络平台在信息发布前进行核实验证,让受捐者尽量披露更多的个人真实信息资料,并及时公布资金的使用情况。

根据国家网信办2015年发布的《互联网用户账号名称管理规定》的相关条款,网络平台要对用户实行实名制管理,如果网络平台出现诈骗、诽谤等事故,平台如未能提供溯源用户的实名信息,政府有关职能部门应该追究提供空间服务的网络平台承担相应责任。随着网络募捐的普及与社会慈善需求的扩大,募捐平台的数量也越来越多,对于网络募捐平台的管理,政府相关职能部门宜从事前逐步发展到事中事后的监管,例如对于网络募捐的信息公开与操作规范制定硬性要求,对公众的知情权与监督权予以制度保障。

《中华人民共和国慈善法》2016年9月1日实行后,民政部通过了首批13家慈善互联网募捐平台。在不少法律界专家看来,除了这13家"正规军"之外,不少带有慈善筹款性质的网络互助平台,以及利用微信朋友圈、网络论坛等形式发起的"个人求助"行为等,均面临资金监管公信力缺乏的问题。

不少类似案例的共同点是"个人求助"者发布信息后,常利用个人账户接收善款,在缺乏第三方监督制约的情况下,即使求助的情况属实,也可能面临质疑。

近年来,发展迅速的网络互助平台也面临这样的尴尬:资金善款流向缺乏有公信力的第三方监管。在当前行业仍缺乏监管细则的情况下,不少网络互助平台的资金监管常受到网友质疑。保监会于2016年11月发布消息称,网络互助平台不具备保险经营资质及相应风险控制能力,其资金风险、道德风险和经营风险难以管控,容易诱发金融风险。蚂蚁互助创始人廖晓平说,网络互助平台多处于经营灰色地带和监管真空地带,希望监管部门推进制定行业行为准则,制定相关监管规则,对潜在风险进行管控。"网络募捐是个新生事物,希望这次'罗一笑事件'成为相关制度完善和成长的契机,更好的监督和管理网络募捐资金的使用。"

《中国青年报》社会调查中心在2017年5月进行的一项调查显示,47.4%的受访者曾通过网络平台参与过捐款,仅28.5%的受访者信任网络捐款中的慈善组织或募捐个人,72.4%的受访者担忧网络募捐存在诈捐、骗捐的潜在风险。

结束语

一篇《罗一笑,你给我站住》的文章,迅速引爆朋友圈,引发网络舆论轩然大波,"罗一笑事件"前后剧情的巨大反差,值得我们反思。细细观察,我们发现互联网的迅猛发展,政府还存在治理缺失,相关部门还没有配套好相关法律法规。对于道德问题,是个要长期抓的问题,政府网管部门不能任由其发展,来挑战广大网民的道德底线和公众良知,从而引发网络空间的信任危机,使得真正需要帮助的人收到冷落和质疑,政府在某些领域要"有所不为",而在有些地方也要"积极有为"。

二、案例讨论题

1. 在"罗一笑事件"中哪些主体应该承担责任？承担什么责任？
2. "罗一笑事件"引发了网络慈善的信任危机,我们应该如何以此为鉴,推动传统的公益慈善事业发展不断转型,实现"华丽转身"？
3. "罗一笑事件"暴露出社会治理领域也存在"失灵",如何使"失灵"变为"有效"？

战略规划引领区域战略性新兴产业发展

孙 皓

一、案例正文

引言：历史上大国崛起的重要原因就是准确选择战略性新兴产业,并通过提升企业创新效率,将战略性新兴产业逐步培育成国际市场中具有竞争优势的主导产业,从而强化国家竞争优势。2010年出台的《国务院关于加快培育和发展战略性新兴产业的决定》是指导当前和今后一个时期加快战略性新兴产业发展的纲领性文件,也标志着中国产业发展战略进入的历史时期。国家与区域层面战略性新兴产业规划相继出台,形成了系统的战略规划体系,全面反映了战略性新兴产业的宏观布局,展示我国产业发展布局的宏伟蓝图。可以预见,战略性新兴产业将会促进我国产业结构将持续升级,经济发展方式将加快转变,对经济社会的支撑作用更加凸显。

(一) 背景

战略性新兴产业是以重大技术突破和重大发展需求为基础,对经济社会全局和长远发展具有重大引领带动作用,知识技术密集、物质资源消耗少、成长潜力大、综合效益好的产业[①]。2008年以来,美国次贷危机引发的国际金融危机对全球经济系统造成巨大冲击,全球经济竞争格局正在发生深刻变革,科技发展正孕育着新的革命性突破,发展战略性新兴产业成为世界主要国家抢占新一轮经济和科技发展制高点的重大战略选择。

从国际视角来看,各大国都纷纷制定新的国家发展战略,实现新一轮加速发展。2009年9月,美国政府公布了《美国创新战略:推动可持续增长和高质量就业》,将R&D

---

① 《国务院关于加快培育和发展战略性新兴产业的决定》,2010年9月8日国务院常务会议通过。

支出占GDP比重提高至3％;①2010年2月,日本政府公布《第四次科技发展基本纲要(2009—2010)》,进一步强化科技创新的重要作用;2010年3月,欧盟委员会发布的《欧洲2020战略规划》中,提出了一系列的研究创新资金以及人才就业等目标,将R&D支出占GDP比重由1.9％提高至3％。

从国内视角来看,大力发展战略性新兴产业是我国的重大战略举措。2009年9月22日至23日,有关部门提出新能源、节能环保、电动汽车、新材料、新医药、生物育种和信息产业等七大战略性新兴产业的发展意见和建议。2010年10月10日,国务院发表了《国务院关于加快培育和发展战略性新兴产业的决定》。2010年10月18日,《关于制定国民经济和社会发展第十二个五年规划的建议》提出要培育发展战略性新兴产业。2012年7月20日,国务院正式发布《"十二五"国家战略性新兴产业发展规划》(下文简称《国家规划》)。随着国家系列行动相继实施,我国战略性新兴产业发展的模式和路径引起社会广泛关注。② 在此背景下,我国各地区基本上均对战略性新兴产业进行了部署,③充分体现了中央与地方发展战略性新兴产业的紧密联系、相互支撑的系统统规划和设计。

(二)战略性新兴产业助推大国崛起:历史逻辑下的趋势判断

世界发展历史就是大国不断崛起的历史。所谓"大国"就是指能够在政治、经济、文化等方面对世界产生重要影响的国家。葡萄牙、西班牙、荷兰纵横海上,英国构建"日不落帝国";德国让整个欧洲震颤,美国实现"超级大国"霸业,苏联推动形成"两极世界",日本领衔"东亚奇迹",以中国为首的"金砖国家"正在改变着21世纪的世界格局……。大国的崛起及更替既伴随阵痛又带来了进步与革新,具有令人深思的逻辑和规律。

大国崛起得益于发展战略性新兴产业的历史机遇。战略性新兴产业是指全球范围内因突破性技术创新催生的具备构成国家产业竞争优势的成长期产业。英国抓住了蒸汽机产业发展机遇而成就了"日不落帝国";美国抓住了钢铁产业、汽车产业、电力产业、航空产业、创意产业、核能产业、计算机产业和互联网产业等发展机遇而形成了如今独霸世界的资本;苏联抓住了航天产业发展机遇而跻身全球科技强国行列;日本抓住了汽车

---

① 该规划由美国总统行政办公室、国家经济委员会和科技政策办公室于2009年9月21日联合发布,它建立在《美国复苏与再投资法》(即《复苏法》)支持创新、教育和基础设施等的1 000亿美元资金、总统预算、新的管理和行政命令计划的基础之上。该战略旨在激发美国人民的内在创造力,增强私营部门的活力,以确保未来的发展更稳固、更广泛、更有力。战略强调了一些关键领域,在这些领域,明智、平衡的政府政策可以为创新奠定基础,从而创造高质量的就业,带来共同繁荣。(中国科技产业网,2010年3月)

② 我们利用"Google Scholar"进行关键词单独检索,通过设计Strategic emerging industries等8组关键词进行检索发现,2011—2012年战略性新兴产业(strategic emerging industries)的文献总数增长率最高;应用包含"战略性新兴产业"的6组关键词及组合对"CNKI"的总体检索结果表明,"战略性新兴产业"并含"发展""模式""路径""规划"的文献在所用文献中比重最高为31.5％。

③ 本文关注省际规划的研究。在地级行政区层面,根据作者所在课题组的研究,在全国333个地级行政区中,有292个地级行政区不同程度地规划了战略性新兴产业,占比达87.7％。

产业、电子产业和动漫创意产业的发展机遇而跻身全球经济强国行列……。战略性新兴产业在不同历史时期具有不同组合,任何国家都必须保持产业的与时俱进。历史上大国崛起的重要原因就是准确选择战略性新兴产业,并通过提升企业创新效率,将战略性新兴产业逐步培育成国际市场中具有竞争优势的主导产业,从而强化国家竞争优势。

从世界大趋势来看,全球经济正处于第三次黄金增长期[①],科技创新的经济驱动作用不断加强,科技创新能力成为大国角逐的关键因素;从中国经济的发展趋势来看,中国经济仍然具有快速增长的潜力,实现较快平稳发展,经济结构将进一步优化,消费需求不断扩大,科技创新能力不断增强,对经济发展推动作用将进一步显著。

同时,未来十几年战略性新兴产业发展仍然面临着十分复杂的国际和国内形势,中国作为世界现代化历史上的"后来者"和"追赶者",产业发展壮大的任务十分艰巨。因此,各地区在发展战略性新兴产业时,必须把握历史机遇,坚持正确的路线方针,既要加快发展,又要科学发展。要在各项工作中强调全面、协调和可持续的科学导向,统筹兼顾,注重中央与地方之间、地方与地方之间、产业与产业之间等的协调发展。

(三)国家与区域战略规划:引领战略性新兴产业发展

《国家规划》中提出,我国战略性新兴产业需要逐步实现"产业创新能力大幅提升""创新创业环境更加完善""国际分工地位稳步提高"和"引领带动作用显著增强"的发展目标。参照上述发展目标,结合各地区发展规划的实际内容,可以从发展规模、创新能力、产业集聚与企业成长四个方面,描述各地区战略性新兴产业的发展目标。

1. 总量目标:战略性新兴产业将对国民经济起到显著支撑作用

从总量规模角度来看,《国家规划》所提出的发展目标是:战略性新兴产业增加值占国内生产总值比重2015年达到8%左右,到2020年力争达到15%。

各地区所提出的发展目标总体上高于国家目标(图1)。根据我们所统计的24个地区的发展规划,2015年,提出战略性新兴产业增加值占国内生产总值比重高于8%的地区有20个地区,占总数的比重为83.3%;发展目标的平均值为11.6%,高于国家发展目标3.6个百分点。

各地区发展目标的相对差距较大。北京市提出的发展目标最高,战略性新兴产业增加值占国内生产总值比重2015年达到25%左右,高于国家发展目标17个百分点;到2020年力争达到30%左右,高于国家发展目标15个百分点。贵州省提出的发展目标最低,2015年的比重为5%左右,低于国家发展目标7个百分点。

以国家2015年和2020年发展目标为基准,可以对各地区战略性新兴产业总量规模

---

① 渣打银行在其研究报告中指出,2000—2030年间是西方工业革命以来的第三个超级周期(Super Cycle),全球经济将保持2.7%的年均增长率,此前两个超级周期分别是1870—1913年和1946—1973年,在这两个阶段中,全球经济年均增长率分别达到2.7%和5.0%,参见Standard Chartered Bank,The Super-Cycle Report,2010。

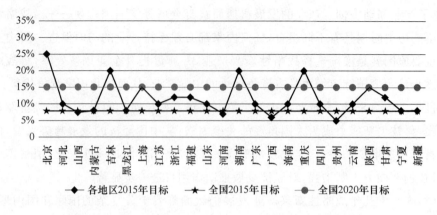

图1 全国与各地区战略性新兴产业发展的总量目标

的发展情况进行简要评估。将各个地区大致划分为"高规模""中规模"和"低规模"三类,各地区呈"两头小、中间大"的分布特点(见表1)。"高规模"地区的发展目标不低于15%,包括北京等6个地区,所占总地区数比重为25%;"中规模"地区的发展目标不低于8%而低于15%,包括广东等6个地区,所占比重为58%;"低规模"地区的发展目标低于8%,包括山西等4个地区,所占比重为17%。

表1 不同地区战略性新兴产业发展规模目标分类

发展目标范围	地区	比重
等于或高于15%	北京、上海、重庆、湖南、吉林、陕西	25%
等于或高于8%而小于15%	广东、江苏、浙江、福建、山东、河北、内蒙古、黑龙江、海南、四川、云南、甘肃、宁夏、新疆	58%
低于8%	山西、河南、贵州、广西	17%

2. 创新目标:创新能力驱动战略性新兴产业发展

我国的科技创新能力提升令世界瞩目。[①] 从创新能力角度来看,《国家规划》所提出的发展目标是:企业重大科技成果集成、转化能力大幅提高;掌握一批具有主导地位的关键核心技术;建成一批具有国际先进水平的创新平台;发明专利质量数量和技术标准水平大幅提升;战略性新兴产业重要骨干企业研发投入占销售收入的比重达到5%以上;一批关键核心技术达到国际先进水平。

可以预计,我国未来将在一批关键技术领域取得突破。明确技术突破方向、攻关重大项目、建设研发基地(中心)、搭建创新平台等是各地区取得技术突破、获取专利授权、产出创新产品、塑造创新品牌的基本思路。江苏省提出,2015年围绕100个重点技术方

---

① 2010年11月1日美国工程院发表报告称,中国目前已经拥有一系列令人瞩目的科技成就:世界上最快的计算机和高速列车、世界最大规模的水利工程,不久还将实施国际空间站和火星探测计划。美国福布斯新闻网,2010-11-01。

向,着力攻克和掌握核心技术,组织实施 100 个以上重大自主创新和产业化项目,培育 100 个重大自主创新产品,形成 100 个国内外知名品牌;部分产业和关键技术跻身国际先进水平,部分领域成为全球重要的战略性新兴产业研发制造基地。

研发投入是提升创业能力的重要驱动。我国总体研发投入增长迅速[①],一些地区在规划中明确提出了研发投入的发展目标(见表 2)。从具体目标描述来看,各地区提出的目标也各具特色:辽宁省不仅提出了高于国家目标的研发投入所占销售收入比重目标,也给出了实现目标的"短期步骤",即 2010 年到 2012 年的重要新兴产业领域研发投入占销售收入比例达到 5% 以上,2012 年到 2015 年的重要新兴产业领域研发投入占销售收入比例达到 6% 以上;上海市不仅给出了研发投入所占销售收入比重目标,也给出了战略性新兴产业投资在总体投资规模中的比重,提出 2015 年战略性新兴产业投资占工业固定资产投资比重达到 50% 左右,战略性新兴产业企业研发经费支出占主营业务收入比重达到 2% 以上;其他一些地区还对投资的数额、项目等目标进行规划。

表 2　各地区发展战略性新兴产业的研发投入目标

地区	研发投入目标
河北	2015 年,集中力量推进实施新能源及应用示范等八大工程。推进实施投资 1 亿元以上的战略性新兴产业项目 760 项,项目总投资 9 830 亿元,2015 年销售收入达到 11 870 亿元。其中省重点推进投资 10 亿元以上重点项目 210 项,项目总投资 8 204 亿元,2015 年实现销售收入 10 000 亿元以上
山西	2015 年,完成 100 个试点项目、重大产业创新发展工程和应用示范工程
辽宁	2010 年到 2012 年,重要新兴产业领域研发投入占销售收入比例达到 5% 以上;2012 年到 2015 年,重要新兴产业领域研发投入占销售收入比例达到 6% 以上
黑龙江	战略性新兴产业研究开发投入占增加值的比重达到 5% 以上
上海	2015 年,战略性新兴产业投资占工业固定资产投资比重达到 50% 左右;战略性新兴产业企业研发经费支出占主营业务收入比重达到 2% 以上
江苏	2015 年,战略性新兴产业领域骨干企业研发投入占销售收入的比重超过 3%,战略性新兴产业企业专利授权量占全省企业专利授权量的比重达 40% 以上
河南	战略性新兴产业领域重点企业研究开发投入占销售收入比重达到 5% 以上
重庆	2015 年,研究与试验发展经费支出占地区生产总值比重达到 2%
四川	加大技术创新投入,战略性新兴产业领域的重要骨干企业研发投入占销售收入比重力争达到 5% 以上
贵州	高新技术企业研发投入占当年销售收入的平均比例达到 5% 以上
陕西	2015 年,战略性新兴产业中企业 R&D 投入占销售收入的比重超过 5%

创新领军人才是创新能力提升的根本保障。创新人才,特别是创新领军人才成为创

[①] 经济合作与发展组织(OECD)的数据显示,中国的 R&D 支出已经排到世界第三位,仅次于美国和日本,已经超过欧盟的任何一个国家。National Science Foundation (NSF),Science and Engineering Indicators 2010。

新大国的重要人才保障。温家宝总理在全国人才工作会议讲话中指出:"当今世界,国际竞争日趋激烈,突出表现为科技、教育和人才竞争。科技是关键,教育是基础,人才是根本。"[1]目前,我国已经制定了中长期人才发展战略,并提出了相应的发展目标[2]。比较而言,各地区对战略性新兴产业人才目标的描述相对较少,只有北京市明确提出到2020年要"凝聚一批领军型人才"。

3. 产业集聚目标:产业集群是战略性新兴产业加快发展的重要途径

从产业集聚角度来看,我国的产业集聚发展将会取得重大突破。《国家规划》所提出的发展目标是形成一批特色鲜明的产业链和产业集聚区。根据国家总体目标,各地区基本上均提出了战略性新兴产业集群发展目标。2015年,我国形成完整的、具有特色的战略性新兴产业链,建成一批具有核心竞争力、各具特色的战略性新兴产业基地。总体来看,各地区对产业集群的规划侧重于空间布局、经济规模和特色产业三大方面。

首先,产业集群空间布局协调合理。上海市提出,初步形成上海战略性新兴产业 H(High-Technology)型走廊,努力构建上海高技术服务业"中环"产业带,形成一批特色鲜明、创新能力强、集聚发展的战略性新兴产业示范基地;福建省提出,全省基本建成福州、厦门、泉州3个国家高新技术产业开发区和漳州、三明、莆田等3个省级高新技术产业技术开发区,形成了福厦产业集群,同时在闽西北、南平和三明等地初步形成了新材料等特色产业集群;陕西等地区也给出了产业聚集区比较明确的空间布局规划。

其次,产业聚集经济规模快速扩大。河南省以营业收入规模为主线,提出2015年建成一批主导产业突出、集群效应明显的战略性新兴产业示范园区,其中主营业务收入超过2 000亿元的1个、超过500亿元的2个、超过200亿元的5个以上、超过100亿元的10个以上。北京、安徽等地区也给出了产业集聚的具体规划。

最后,核心产业特色鲜明。重庆市提出,建成"2+10"战略性新兴产业集群,基本建成亚洲最大的笔记本电脑基地和国内最大的离岸数据开发处理中心;四川省提出,建成国家信息、软件、新能源、民用航空、新材料和生物高技术产业基地。

此外,其他地区也从形成特色产业链、建成产业示范基地等角度描述产业聚集的发展目标。

4. 企业成长目标:企业成长壮大增强产业竞争实力

中国经济崛起离不开中国企业崛起,大国在世界经济领域的竞争实力,也是各国企业整体竞争力的突出表现。[3]从企业成长角度来看,《国家规划》所提出的发展目标是:形

---

[1] 人民网. 加快建设人才强国[EB/OL]. (2010-05-27)[2017-12-19]. http://paper.people.com.cn/rmrbhwb/html/2010-05/27/content_528280.htm.

[2] 根据《国家中长期人才发展规划纲要(2010—2020年)》,到2020年,中国研究与试验发展活动人员总量达380万人/年,高层次创新型科技人才总量达到4万人左右。

[3] 进入21世纪以来,中国500强企业数迅猛增加,2012年已经达到了79家,美国财经媒体《财富杂志》,2012-07.

成一批具有较强自主创新能力和技术引领作用的骨干企业;我国将有一批优秀企业迅速成长,以企业崛起带动产业振兴。按照国家总体发展目标的要求,各地区对企业的发展目标进行了规划。从企业发展目标来看,大体上从具有国际影响的品牌企业、支撑产业发展的骨干企业和机制灵活的中小企业三个层次对各地区企业的成长目标进行描述。

首先,提升品牌企业的国际影响。北京市提出,到2020年培育一批国际知名品牌和具有较强国际竞争力的跨国企业;上海市提出2015年培育10家产值超100亿元、具有国际影响力的战略性新兴产业领域龙头企业;广东省、山东省等地区也提出要培育一批具有国际影响力的企业。

其次,发挥骨干企业支撑作用。辽宁省提出,培育形成100个具有自主知识产权、销售收入超过10亿元的新兴高技术领军企业;江苏省提出,培育100家具有自主创新能力和技术引领作用的骨干企业、500家重点创新型企业;湖北省提出,重点领域营业收入超50亿元的骨干龙头企业达到40家,超10亿元企业达到100家。

最后,增强中小企业发展活力。北京市提出,打造一批年销售收入过500亿的大型企业,涌现出一大批"专、特、精、新"的中小企业;上海市提出,战略性新兴产业领域机制灵活、技术领先、模式创新的中小企业得到蓬勃发展;山东省提出,到2020年培育一批具有国际影响力的大企业和极具产业竞争力的中小企业。

(四)区域战略性新兴产业规划——以青岛高新区为例

青岛高新区始建于1992年11月,2006年8月经科技部批准在胶州湾北部扩区,形成胶州湾北部主园区。同年2月,青岛市南软件园纳入青岛高新区统一管理。2007年11月,青岛高科园、青岛新技术产业开发试验区、青岛科技街纳入园区,形成"一区五园"发展格局。

1. 特色优势:胶州湾之芯

地理位置优越。高新区主园区位于青岛市胶州湾北部,是青岛以胶州湾为依托,深入实施"环湾保护、拥湾发展"战略,将环胶州湾地区建设成城市核心圈的点睛之笔。

政策环境优越。青岛高新区拥有市级经济管理权限,推行全程跟踪服务理念,施行"一站式审批",以高效透明的政务服务体系为广大投资者创造宽松的发展环境。

交通网络完整。高新区周边青岛国际机场、高速公路、港口、铁路设施齐全,交通十分便利。

基础设施完善。高新区设有公用事业中心,为企业提供基础设施"九通一平"配套服务,包括给水、电力、雨水、污水、燃气、热力、通信、有线电视、道路等管线接入,以及场地平整服务,为投资者营造良好的投资环境。

人力资源丰富。青岛拥有28所各类高等院校,101所中等专业学校和技工学校,近80万科学技术人才。青岛高新区管委会设有人力资源服务中心,为人力资源优化配置提供各项服务。

2. 2020年产业蓝图：建设创新驱动发展新基地

制定过程

青岛市发改委牵头组织编制的《胶州湾北部高新区高新技术产业发展规划》（以下简称《规划》），于6月20日通过来自国家发改委宏观经济研究院、科技部、中咨公司、青岛海洋大学、中科院海洋研究所、山东省社科院、山东科技大学、青岛科技大学、青岛市环保局共15名专家组成的专家评审组的评审，根据专家评审意见，对《规划》进一步修改完善后，经青岛市政府同意，于7月24日正式印发（青发改规划〔369〕号）。

产业布局

《规划》未来需重点培育和发展的电子信息、生物与医药、新材料、新能源和高效节能、先进装备制造、海洋科技、现代服务业等七大主导产业，提出构建电子信息产业园、海洋仪器与精密机械产业园、生物产业园、新能源与节能产业园、新材料产业园、高速列车产业园、先进装备产业园、航空产业园、汽车产业园等九个特色产业园的产业布局框架。

产业目标

《规划》确立胶州湾北岸高新区高新技术产业未来发展目标，即到2012年，高新区一期基础设施框架基本形成，主导产业初步形成，实现生产总值75亿元，高新技术产业产值210亿元，创新创业服务体系基本建立，节能减排、循环经济、资源集约利用等方面走在全市前列。

到2020年，高新区一期41.4平方公里基本建成；高新技术产业集群和创新集群基本形成；高新技术产业产值占全市比重20%以上；形成具有世界影响力的研发团队；取得一批具有自主知识产权的核心技术、关键技术及科技成果；拥有一批具有国际竞争力的大企业和知名品牌；建成一批在国内外有重要影响的技术创新中心和创新基地；循环经济体系基本形成，成为全市高新技术产业、产学研合作、自主创新技术孵化的新基地和辐射区。

全面布局战略性新兴产业

电子信息产业。依托青岛在电子领域的产业和技术基础，根据网络化、终端产品智能化和新型显示技术的发展趋势，围绕产业中高端环节，引进和研发核心技术、关键技术，发展附加值高、产业关联度强的元器件和产品制造，发展成为世界知名的电子信息研发设计产业基地。

生物与医药产业。重点发展生物功能制品、生物制药及其他生物资源高值化利用等生物工程产业化关键技术，开发制造生物制品与医药新品种，发展成为国内重要的生物产业研发与制造基地。

新材料产业。结合产业发展对新材料的需求，加强电子信息功能材料、环境友好型高性能橡塑材料、功能纤维新材料等新材料技术及产品的研究开发和项目引进，形成产业规模,建设国内重要的新材料研发与生产基地。

新能源与高效节能产业。加快推动可再生能源和高效节能技术的创新和发展,重点研发高效的、低成本的成套可再生能源技术和高效节能关键技术,推进节能产业化,建设可再生能源和高效节能产业研发、制造和产业化示范基地。

先进装备制造业。重点引进数字化、智能化设计制造,绿色制造技术和重点行业关键共性技术与制造项目,引进对技术进步、产业升级有重大影响和带动作用的装备及关键零部件项目,建设先进制造业研发和生产基地。

海洋科技产业。充分发挥青岛海洋科技优势和海洋生物资源优势,积极推进海洋技术产业化,发展海洋生物产业、海洋功能材料、海水综合利用和深海技术相关的装备制造业,造就世界一流的海洋科技产业基地。

现代服务业。培育引进法律、咨询、知识产权、设计、会计、金融保险、现代物流等中介机构,引进酒店、智能办公等服务机构,构建高新区支撑服务体系。

(五) 结束语

产业兴则国家兴。从世界发展历史来看,大国崛起必须抓住战略性新兴产业的机遇。2010年,《国务院关于加快培育和发展战略性新兴产业的决定》的出台是历史上中央首次系统部署战略性新兴产业发展全面工作的决定,是指导当前和今后一个时期加快战略性新兴产业发展的纲领性文件,也标志着中国产业发展战略进入到历史时期。

国家与各地区战略性新兴产业的相继出台,对新时期的战略性新兴产业发展工作给予很高的战略定位,为我国展示了一幅产业发展布局的宏伟蓝图,全面反映了战略性新兴产业的宏观布局及对经济社会发展的支撑作用。国家与各地区战略性新兴产业发展规划,已经明确加快战略性新兴产业发展指导思想,科学规划新时期的发展目标任务和发展重点。可以预见,未来五到十年,随着战略性新兴产业发展高潮的到来,中国经济发展方式将加快转变,产业结构将持续升级,从根本上推动经济社会的全面转型。到2020年,中国战略性新兴产业的创新能力将进一步加强,国际影响力大幅度提升,对经济社会的支撑作用更加凸显。届时,中国的战略性新兴产业将实现新跨越,为中国特色的现代化道路奠定坚实基础。

总之,国家与各地区战略性新兴产业发展规划已经吹响了加快战略新兴改革发展的新号角。未来十到二十年,是中国战略性新兴产业发展的关键战略期,也是中国经济社会发展的关键战略期。战略性新兴产业发展将进入一个大规模发展、高质量发展的新时期,推动中国从中等收入向高收入过渡。因此,各地区必须抓住历史性的战略机遇,推动战略性新兴产业的快速、创新、科学发展。战略性新兴产业必将有力地支撑各地区乃至全国经济社会发展。

二、案例讨论题

1. 为什么我国处于发展战略性新兴产业的战略机遇期？
2. 我国发展战略性新兴产业包括哪些有利条件与不利因素？
3. 国家与区域战略性新兴产业规划的目标具有哪些特点？如何理解规划目标的差异性？
4. 如何理解战略性新兴产业规划背景、目标与任务的关系？
5. 如何理解战略性新兴产业规划的制定过程？
6. 从案例出发，思考战略管理与战略规划的关系。

参考文献

[1] 韩康.中国政府管理案例[M].北京:国家行政学院出版社,2006.
[2] 刘兴倍.管理学原理教学案例库[M].北京:清华大学出版社,2005.
[3] 清华大学公共管理学院.中国公共管理案例[M].北京:清华大学出版社,2005.
[4] 罗伯特.公共管理案例[M].5版.北京:中国人民大学出版社,2004.
[5] 应国瑞.案例学习研究—设计与方法[M].2版.广东:中山大学出版社,2003.
[6] 竺乾威,马国泉.西方公共行政案例[M].上海:复旦大学出版社,2002.
[7] 小劳伦斯.公共管理案例教学指南[M].北京:中国人民大学出版社,2001.
[8] 张丽华.管理案例教学法[M].辽宁:大连理工大学出版社,2000.
[9] 袁方.社会研究方法教程[M].北京:北京大学出版社,1997.
[10] 厄斯金.管理案例教学指南[M].辽宁:大连出版社,1992.